黄若蓮所母：



正祖鯤

7-11-2005

# 宣教 與 文化

莊祖鯤 著

# 宣教與文化

莊祖鯤 牧師

第一章 宗教與文化之關係 ....................... 5

第二章 基督教與西方文化之會通 ......... 23

第三章 佛教與中國文化的會通 .............. 63

第四章 宗教與文化更新 ........................101

第五章 跨越文化的溝通 ........................127

第六章 宗教「處境化」的探討 ..............145

第七章 現代化對文化的挑戰 ...................165

第八章 中國文化的特質與危機 ..............189

第九章 基督教與中國文化之會通 .........217

# 第一章
# 宗教與文化之關係

談到宗教與文化的關係，我們首先必須對文化的特質要有一個明確的瞭解，才能進行實質的討論。在這方面，我們將從各個不同的角度──尤其是文化人類學──來探討文化的定義、文化的演變，以及文化與宗教的互動關係。

## 第一節 文化的定義

何謂「文化」？這是一個見仁見智的問題。一般的人會說：「我們去聽交響樂，吸收一點文化。」我們也會評論一個人說：「她看起來舉止很優雅，很有文化氣息。」在這種觀念中，文化乃是社會精英份子的行為模式。但是專家學者對文化的定義則寬廣的多。

一般人文學者（尤其是文、史、哲學方面）討論的文化概念，往往指的是精緻文化中最精微的思想（價值）層次。在他們眼中的文化，主要也就是思想家與典籍文獻的研究，期望能闡明這些思想觀念在文化傳統中的定位問題，進一步在思想脈絡上能發掘出比較週全的解釋。

但是相對於人文學者的研究，社會科學學者（尤其是文化人類學者）所指的文化概念，卻廣泛的多。在他們看來，文化不僅是精緻深刻的思想或價值觀，還包括生計與現實的基本需要；不僅是精緻文化與「大傳統」，同時也還包括了大眾文化與「小傳統」。

依據人類學家克羅伯(A. L. Kreober)的統計，文化的定義高達一百六十種之多[1]，似乎中外學者間尚無基本的共

識。現列舉一些比較有代表性的看法：

(1) **大英百科全書的定義**：「人類社會由野蠻至於文明，其努力所得之成績，表現於各方面的，如科學、藝術、宗教、道德、法律、學術、思想、風俗、習慣、器用、制度等，其綜合體，則謂之文化。」

(2) **克羅伯說**：「文化是一些經由學習及傳遞而有的反應、習慣、技術、思想和價值，以及所引致的行為。」[2]

(3) **人類學家泰勒(E. B. Taylor)說**：「文化乃是一團複合物(Complex Whole)，其中 包括知識、信仰、藝術、道德、法律、風俗以及其他，凡人類因為社會的成員而獲得的才能及習慣。」[3]

(4) **人類學家希伯(Paul G. Hiebert)認為**：「文化是一個經由學習，且反應社會特質的行為、思維以及產品的綜合體系。」[4]

(5) **文化歷史學家道森(Christopher Dawson)說**：「文化乃是人類為了適應自然環境 和經濟需求而有的共同生活方式。文化代表著生活及思想的複合物──包括行為方式、信仰形式、價值標準、技術、符號及機構。」[5]

(6) **中國儒家學者錢穆先生說**：「文化是我們大群體人生的一總合體，亦可說是此大群體人生精神的共業。此一大群體人生是多方面的，如政治、經濟、軍事、文學、藝術、宗教、教育、道德等皆是，綜合此多方面，始稱做文化。」[6]

綜合上述意見，宣教學家路茲別克(Louis J. Luzbetak)將「文化」定義為：一種生活的籃圖，其中包含了一系列的

規範、標準和相關的信仰，以應付生活上各種不同的需要。同時，這文化是由一個社會群體所共有，是個人由社會中學習到的，而且被彙總成一個動態的控制系統。[7]

因此，那些藝術作品、可觀察的行為反應、儀式、社會關係等，都只是文化的「表現」，而非文化本身。文化其實是潛伏在行為之下的理念指令(Ideational Code)。所以，路茲別克在上述的文化定義中，總結出文化本質上的三個特性[8]：

1) 文化是人生的藍圖或規劃；
2) 文化是社會所擁有的；
3) 文化是是經由學習得來的。

洛桑的世界福音大會的Willowbank報告[9]，則對文化提供了一個綜合性的定義：

文化是一個整合性的信念（對神或終極意義）、價值（對於真理、好壞、美醜）、習俗（如言語、行為、服裝、工作等）及組織（如政府、法庭、學校、教堂等），這些因素能將社會結合在一起，並賦予它尊嚴、安全感、定位(identity)及延續性。

## 第二節 文化之演變

### 1. 名詞與定義

首先，有一些有關文化交流、適應及調整的名詞，必須先介紹一下。這些名詞之間有或多或少的重疊，在不同的圈子裡，也有不同的偏好。其中文譯名也不統一，因此有時會令人感到眼花撩亂。

**(1) 濡化(Enculturation)：**這是社會學上的名詞，是指

個人學習新的文化的過程。其中除了正規的教育及學習外，也還包括許多非正式及無意識狀況下的耳濡目染。例如宣教士到宣教區之後，學習語言及風俗的過程就可稱之為「濡化」。

**(2) 文化會通(Acculturation)：** 這通常是指文化間的交流及相互影響，因此往往是文化變遷的主要來源。但這並非是個人的選擇，而是集體的行動。雖然常是不經思索、下意識的行動，然而仍是一個複雜的歷史過程。例如西方搖滾樂對亞、非洲社會的影響，台灣青年人的「哈日風」，都是一些典型的例子。

**(3) 適應(Accommodation或Adaptation)：** 就是將一種觀念或作法（甚至福音）帶入另一個文化中時，採取一種入境隨俗的作法。例如適應美國人口味的中國菜，就是一個很好的例子。這曾經是早期宣教士常用的方法，現在卻普遍被認為過時或落伍了，有時甚至遭到「削足適履」的批評。

**(4) 處境化(Contextualization 或 Inculturation)：** 通常在基督教的圈子裡較喜歡用 contextualization，但是天主教人士則常用 inculturation 這個詞。簡單來說，這是指信仰與文化間持續的會通。更完整地來說，這是福音信息與文化間創意性、動態的關係。因此，這暗示福音信息能轉化文化；文化也能賦予福音信息新的詮釋及包裝。

## 2. 文化演變

文化歷史學家道森認為，所有的文化都不同，但是都有能力可以擴展和改變，也可以調適和融入[10]。當然有人會以中國為例，指出有些文化似乎有「免疫力」，以致於它可以

維持數千年之久，不因外來文化的影響而改變。其實這種「文化免疫力」是相對的，因為即使是較靜態、較穩定的文化，也無時不在改變。而且文化越進步，他們融入及接受其他文化的能力也更強。

道森還進一步地指出，文化的傳統可以一代接一代地傳遞下去，越高的文化，它們所累積的文化傳統也越多。很多人認為「傳統」是保守的，是阻礙的力量。然而道森卻認為，傳統是導致改變的主要渠道。並不是說傳統本身會自動改變，而是當兩種以上的文化相遇時，它們會設立一個改變的程序與機制，而產生新文化來[11]。

同時，道森又提醒我們，近代的人類學家在討論文化的發展時，有越來越偏重「外來的擴散」(External Diffusion)，而非「內在的演化」(Internal Evolution)的趨勢[12]。實際上，當我們說「文化擴散」時，我們指的是一種文化傳統，在另一種文化傳統中的擴張或溝通。

在最近四個世紀以來，我們看見歐洲系統之外的世界文明都有大幅度的改變。所有這些改變都不是因著內部的演化，而都是因為來自歐洲的文化擴散。藉著殖民、通商或征服，歐洲文化擴散至美洲、非洲和亞洲。事實上，這種文化擴散模式，自史前時代就早已存在了。

但是值得注意的是：並非所有較高的文明都一定能征服較低的文明，有許多實例是恰好相反，一個較先進的文明被較「野蠻」或「落後」的文明所征服，譬如日耳曼蠻族征服羅馬帝國，還有蒙古人傾覆宋朝等。另一方面，文化擴散也不都是借助武力或殖民方式的，有些是以宗教的宣教活動，將一個高級文化擴散出去。例如拉丁式的基督教經由愛爾蘭

及英國宣教士傳至歐洲的各蠻族，還有印度的佛教傳入中國，再經由中國傳入日本。

有關於文化的演變問題，路茲別克曾有詳盡的討論[13]，在此只作一些概略的介紹。首先，在文化演變的一般性方面，他指出所有的文化都有「變」與「不變」的雙重特性。而文化的變化隨程度、速度、方式有許多不同的類別。但是最重要的是：文化演變基本上是知識與態度的改變，是有關於社會行為之新思想的產生和詮釋過程。

其次，在文化演變的過程方面，路茲別克指出有三種不同的過程：

1) **主要的或創新的過程：** 其中有由內部自發的，也有由外界擴散進來的；

2) **次要的或整合的過程：** 也就是淘汰與存留的過程，而篩選的準則是依據「感受的需要」(felt-needs)；

3) **最終過程：** 也就是發展和穩定化的過程，使文化演變的最終成果呈現出來。

最後，在有利於文化演變的因素方面，他也提出許多值得注意的地方。一般而言，有利於改變的因素有：社會普遍求變的心理、行動和探索的自由、新舊傳統之優劣對比、天災人禍等。對文化擴散來說，值得注意的因素有：文化接觸的對象群體之社會地位，文化接觸的密度，文化擴散的誘因，以及所傳遞之觀念的「可擴散性」(Diffusability)等。

此外，著名的社會學家伯格(Peter Berger)曾指出[14]，面對文化的衝突時，人們可能採取三種反應：

A. 演繹法(Deductive)：就是「以不變應萬變」的保守

心態，拒絕溝通。

B. 化約法(Reductive)：也就是隨波逐流，任由外來的文化之衝擊。

C. 歸納法(Inductive)：就是採取「對話」的方式，這才是最健康的作法。

## 第三節 尼布爾的「基督與文化之關係」的五種模式

在宗教信仰與文化的相互關係上，首先我們要討論當代神學家尼布爾(Richard Niebuhr)所列舉之基督徒看文化的五種態度[15]。大致上，它們是依照其主導歷史的先後次序而排列，但是另一方面這五種態度，在每個時代都同時出現過，而且都有各自的理論依據。

### 1.「基督與文化對立」(Christ-Against-Culture)的態度

第一種基督徒的立場是神與文化「對立」。他們認為要忠於神，就只有排斥文化，因為文化是屬於這個墮落而且即將滅亡之世界的。這是在初期教會時代，當基督徒備受迫害時，他們對希臘羅馬文化最普遍的態度。特土良是其中最典型的代表人物。早期的基督徒堅持應該效忠於基督，而拒絕向凱撒皇帝低頭。他們拒絕當兵、拒絕參與政治、排斥希臘哲學與通俗文化。這種與「世界」劃清界線的偏激態度，在歷史上曾多次出現。例如中世紀以前的修道院，就是許多人逃避世界，追求聖潔的「道場」；宗教改革後出現的「重洗派」(Anabaptist)，以及由之衍生出的「門諾會」(Mennonite)信徒；英國的「貴格會」(Quakers)；還有俄國文豪托爾斯泰等，都曾堅持與周遭文化完全隔離。直到今日，在美國及加

拿大仍有不少堅持遵守原始「門諾會」信仰的人——稱為「亞美須人」(Amish)，他們迄今仍然拒絕現代文明的事物，他們堅持不用電，不開車，與世隔絕，務農為生。

持有這種態度的基督徒曾不自覺地在社會改革及建立基督教文化上，有很大的貢獻。他們不妥協的態度，成為社會的一股清流，促使民眾去反省，於是新的風氣及制度就漸漸形成了。但是尼布爾也指出[16]，由於他們排斥理性及文化，他們有傾向神秘主義或靈恩運動的趨勢。例如特土良晚年加入一個極端的靈恩宗派「孟他努派」。另外如貴格會強調「屬靈亮光」等。然而正如克拉夫所指出的[17]，那些持有這種態度的基督徒還不經意地犯了三個錯誤：

1) 將「文化」與「世界」視為等同；

2) 誤以為文化只是外在的事物、形式和制度，不知道其實文化還包括了內在的信仰、價值等東西；

3) 誤以為既然魔鬼可以利用文化，那麼文化本身也必然是邪惡的。因此，這種基督徒不自覺地陷入一個困境之中：*自以為身體已離世而居，卻不知「世界」正在他的心中。*

## 2.「基督在文化之內」(Christ-of-Culture)的態度

這種立場與前面那種「基督與文化對立」的立場恰好相反，持此觀點的人認為文化與教會之間完全可以互融，並不存在任何張力。他們一方面透過基督來詮釋文化，另一方面又透過文化來認識基督，因此他們選擇性地挑選一些與當代的文明相容的耶穌言行或基督教教義。第二、三世紀的「諾斯底主義」，就是一個典型的代表，他們將基督教變成一種

哲學思想體系。然而宗教改革之後的基督新教圈子裡，採取類似立場的思想家很多。例如英國洛克(John Locke)的名著《基督教的合理性》(The Reasonableness of Christianity)，就是一個代表作。其他如萊布尼茲、康德、傑佛遜以及有「自由神學之父」稱號的士萊馬赫(Schleiermacher)都屬於這個範圍。巴特稱之為「文化基督教」(Culture-Protestantism)[18]。從他們的角度來看，耶穌是偉大的教師及思想的啟蒙者，基督教只是一種宗教及哲學體系，雖然有其優越性，卻仍是眾多宗教及哲學體系之一。大多數近代的自由派的神學思想家，都採取這種觀點。

費爾巴哈甚至認為「神是人照自己的形像所造出來的」，不同文化的人，會將自己不同的世界觀和價值，投射到所創造的「神」身上。所以神(或宗教)只是文化的產物。因此黑格爾、馬克思等人都將基督教視為西方文明的產物，正如印度文化產生印度教和佛教一樣。

另外有些人則將某些特定文化「神聖化」了。譬如猶太人認為猶太民族和文化是神所特選的。第五世紀之後歐洲的基督徒，則認為基督教與希臘羅馬文化最能相容，因此把保存和推廣希臘羅馬文化視為己任。還有最近幾百年來，許多西方宣教士常將「西方文明」與「基督教文化」當作同義詞，所以，接受基督教也得同時接受西方的文化和習俗。

這種觀點，固然清楚地分辨出基督教和非基督教之間的主要文化差異，但是卻未曾看出文化「本質」，和文化的「形式」(基督徒也利用它來表達特定信息)之間的差別。因而這種立場最大的弱點是，在分辨某種文化是否像基督教文化時，往往以文化的「形式」(Forms)而非「功能」

(Functions)來解釋。其實，用「功能」和「動機」可能更能正確地衡量那一種文化較符合基督教精神。

## 3.「基督在文化之上」(Christ-above-Culture)的態度

由於前兩種態度都似乎較極端，因此有些人採取折衷的中間立場。較著名的代表人物有第二世紀亞歷山大的革利免(Clement of Alexandria)，及十三世紀的阿奎那(Thomas Aquinas)。革利免認為基督並不是與文化對立，而是利用文化中的優良成分(例如亞里斯多德和柏拉圖的哲學思想)為工具，來達成祂的目的。他關心的不是「文化基督化」，而是基督徒的文化。

阿奎那更是這種立場最卓越的代表。他一方面同時完全接受基督與文化兩者，但是又堅持基督遠在文化之上。他和其他的經院哲學家們，認為亞里斯多德的哲學思想體系，以及人的理性，都是神的恩賜，應當毫不猶疑地接受。但是他又認為教會凌駕於國家之上，因為教會提供邁向永恆的途徑。阿奎那的觀點，無疑代表中古世紀的天主教立場。

但是克拉夫指出，持這種觀點的人固然強調「該撒的物歸給該撒，神的物歸給神。」但是他們確信福音可使文化臻至完美。持此觀點的人，固然對文化及神的權威性都很尊重，只是他們容易將相對的東西絕對化了，也將「基督」制度化了，以致於變為「神倡議某種文化」(God-endorse-a-Culture)的錯誤立場中去。

另外還有一種可能的延伸，就是有些人認為神不但在文化之上，甚至也在文化之外。換句話說，神乃是高高在上，不理人間事的神。因此，人只能自求多福。許多非洲原始宗

教,以及一些自然神論者(Deist),都持此種觀點。這種觀點,與世俗的人文主義者的人生觀很接近,但與基督徒的看法有很大的出入。

## 4.「基督與文化在張力之下」(Christ-and-Culture-in-Paradox)的態度

反對上述這種「神在文化之上」的妥協立場最激烈的人,往往強調善惡二元論(Dualism)的觀點,他們認為神是全善的,人類及文化卻是罪惡的。這種人(例如馬丁路德),強調人類是全然墮落,無可救藥;但是神卻是全知、全善的。而基督徒正活在兩個世界之間,是處於一種「悖論」或「二律背反」(Paradox)的張力之下。尼布爾說:「他既是罪人,又已被算為義人;他既相信,又有疑問;他既有得救的確據,又好像沿著不確定的刀鋒上行走。在基督裏,一切都變成新的了,然而萬事又好像與起初沒有兩樣。」[19]

從這種觀點來看,作為基督徒,既是神國的子民,又是整體人類的一份子,因此他們既屬於這文化,也無法置身事外。基督徒有責任與所有的人共同參與這個墮落世界所必須奉行的制度,並不是因為這個制度或組織是完美的。相反地他們對人間的所有制度或組織看法都很悲觀,因為受到罪的污染是無可避免的。但是正如保羅所說的,這些不完美的制度或組織,主要的功能卻是防止罪惡的無限制擴散和蔓延(羅 13:1-7)。正如舊約律法的功用不是引人進入神聖的公義,而是使人「知罪」一樣。

馬丁路德在這種觀點下,鼓勵信徒參政、從軍、經商,從事幾乎大部分的正當職業。他認為基督在福音裡已經釋放

我們得自由，所以每位基督徒可選擇任何的行業。我們應該忠心地去服事別人，但是不要誤以為這些制度或組織是完美的。這種不能不與現今的世俗世界妥協的圖畫，往往正是許多基督徒現今的寫照。在這種張力下，基督徒的倫理是動態的，沒有既定的規則可循。

然而持這種立場的最大困難是不容易維持平衡。後人往往將「屬神(基督)的」和「屬人的」(即「文化」)兩個領域，視為平行而且沒有交集的獨立領域。例如有人將科學與宗教劃分為二：一個是理性的範疇，一個是信仰；前者是探索自然界，後者是探索超自然界。此外，建立美國羅德島州的威廉斯牧師(Roger Williams)，他大力提倡「政教分離」的觀念，如今成為美國憲法的精神。但是這與馬丁路德的觀點，是恰恰相反的。

此外，站在這種立場的人，由於對文化採取消極、悲觀的態度，很容易被視為文化的「保守派」，沒有改革精神。事實也確是如此，馬丁路德曾反對農民起義。因為文化及制度既然是暫時的、此世的、不可能完美的，為何要採取激進的態度呢？雖然因著他們的影響，社會的確改進了，但是這並非他們刻意去推動的計畫或運動所造成的。

## 5.「基督能夠轉變文化」(Christ-Transforms-Culture)的態度

最後一種人尼布爾稱他們為「轉化派」(Conversionist)，因為他們雖然也有上述的二元論觀點，但他們同時也強調文化可以被「轉化」。他們的觀點主要依據三個神學信念[20]：

(1) 從創造論來看，神所創造的萬物(包括文化)原是美

好的，雖然它們受到罪的侵蝕。耶穌基督的「道成肉身」於人類的文化中，就是在繼續這創造的工作。

(2) 從人的墮落來看，文化是因罪受了污染，並非它們本質上是惡的。因此神要救贖它，而不是取代它或毀滅它。

(3) 從歷史的進展來看，人類的歷史是神主動的作為，加上人對神的回應之結果。因此歷史的發展顯明神救贖的心意，及祂對人的期待。

所以持這種觀點的人( 例如奧古斯丁、加爾文和衛斯理都屬此派 )強調，文化雖是墮落的，卻是可以被轉變的，甚至有可能藉神的能力及恩典被救贖。換句話說，文化雖然有污點，但其本質並非罪惡，而歷史正是顯示神在轉化及更新人類及文化的實況。

事實上聖經中以色列的先知們苦心孤詣地呼喚，正是不斷地提醒世人：神不僅關心每個人的得救，也期待文化和社會風氣都得救贖。耶穌也提醒門徒們：他們是世上的「光和鹽」，因此他們在這個墮落的世界中，有特定的角色需要去扮演。同時也暗示，經由他們的影響，這個世界及其上的文化，有可能被轉化。

## 第四節　結論與評估

尼布爾的分類提供我們一個很好的藍圖，幫助我們理解歷代基督徒(特別是西方的)的立場及演變。但是值得注意的是，並沒有上述那一種態度，可稱之為唯一合乎聖經的立場。因為每一種模式，都是在特定的時空環境下發展出的，也都有其特定的意義和價值。所以每一位基督徒也必須在他

所處的特定時空及時代環境中，去發展出他自己對當代文化之回應。

除了尼布爾之外，還有其他的宣教學家也提出他們自己獨創的「宗教與文化模式」。譬如富樂神學院的克拉夫(Charles H. Kraft)教授，在評介尼布爾的幾種模式之後，也介紹他自己的「神在文化之上，也透過文化」(God-above-but-through-Culture)的模式[21]。其實這模式與上述尼布爾的第五種觀點(轉化派)很接近。但是克拉夫強調，文化的「結構」在本質上是中性的，沒有善惡之分，文化與神之間也沒有敵友之別。但是文化之「應用」則不然，因人的本性已受罪的污染，所以文化的應用也就被污染了。由於文化是動態的，是隨時因人的改變而變動的。因此，若有一群人的思想起了重大的變化，整体社會在文化的應用上，也會有較明顯的轉化。同時不可忽視的是，這位超然於文化之上的神，卻選擇用人類的文化（既有限又不完美的文化）來作為向人類啟示自己的渠道和媒介。

但是尼布爾的模式，並未考慮多元文化的社會。紐必津(J. E. Lesslie Newbigin)提出一個「福音─文化─教會」的三角關係模式，來描述這三者的互動關係[22]。

在文化與福音間的第一個軸線，被稱為「轉化─會通

軸」，它是既有挑戰性又有關連性的。因為福音在特定文化中，與福音信息接收者必須是有關連性的，但是福音也會對他們所處的文化發出挑戰。福音如果只是具體落實在特定文化中，卻沒有對它發出挑戰，會導致「混雜」(Syncretism)；但是如果福音只發出挑戰，卻無法具體實現，就變成沒有關連性。

在教會與福音間的第二個軸線，被稱為「互惠—關係軸」，因為教會是一群以聖經為生活準則的社群，他們形成一個教會與聖經間的「詮釋圈」(Hermeneutical Circle)，同時也向他們的文化詮釋福音。而在文化與教會間的第三個軸線，被稱為「宣教—對話軸」，宣教士的文化與本地文化必須進行對話，甚至新成立的教會要與宣教士的教會完全獨立，雖然所有地方教會都必須與普世眾教會有交通。

三一神學院的希伯(Paul G. Hiebert)教授則在討論基督教福音的關係時指出三個要點[23]：

(1) 首先，「福音」應與「文化」作明確的區分，否則容易陷入上述尼布爾所說「神在文化之內」模式的錯誤中。

(2) 其次，福音無可避免地必須以文化的形式來表達。文化是傳達福音的工具，有時福音需要從一個文化傳譯到另一個文化，而這種傳譯的過程稱為「本土化」(Indigenization)或「處境化」(Contextualization)。

(3) 最後，福音呼籲所有的文化都需要被更新。因為人罪性的緣故，所有的文化都免不了在結構和運作上參雜了邪惡的成份，例如奴隸制度、種族隔離、經濟壓迫

和戰爭等。因此，所有的基督徒都應該肯定各個文化中的優良成份，但也應該明確指出其中的缺點，並設法改正，使文化得以被更新。

---

[1] 參見克羅伯等人所著《文化：關於概念和定義的探討》*(Culture: A Critical Review of Concepts and Definitions)*。另外殷海光的《中國文化的展望》(香港文星書店)中，也有簡介。

[2] Louis J. Luzbetak, *The Church and Culture,* Maryknoll, NY: Orbis, 1991. P. 134.

[3] 同上。

[4] Paul G. Hiebert, *Cultural Anthropology* (2nd ed.), Grand Rapids, MI : Baker, 1983. P.25

[5] Christopher Dawson, *The Formation of Christendom,* P.34.

[6] 引自李道生著《聖經與中國文化》，台北，中國主日學協會，1987. P. 197.

[7] Louis J. Luzbetak, *The Church and Culture,* P.156.

[8] 同上，p.157.

[9] "The Willowbank Report", in *Perspectives on the World Christian Movement,* William Carey Library, 1999, p.484-85.

[10] Christopher Dawson, *The Formation of Christendom,* P.36.

[11] 同上, p.51-63.

[12] 同上, p.51.

[13] Louis J. Luzbetak, *The Church and Culture,* P.292-373.

[14] Peter Berger, *The Heretical Imperative,* London, 1980. 引述自 *Toward A Theology of Inculturation,* by Aylward Shorter, Orbis, 1994, p.48.

[15] H. Richard Niebuhr, *Christ & Culture,* Harper San Francisco, 2001 (Expended Eddition).

[16] 同上, p.80-82.

[17] Charles Kraft, *Christianity in Culture:* A Study in Dynamic Biblical Theologizing in Cross-Cultural Perspective, Maryknoll, NY: Orbis, 1994. P.103-115.

[18] H. Richard Niebuhr, *Christ & Culture,* p.84.

[19] 同上，p.157.

[20] 同上，p.191-95.

[21] Charles Kraft, *Christianity in Cultur,* p.113-115.

[22] 引述自George R. Hunsberger, "The Newbigin Gauntlet: Developing a Domestic Missiology for North America", in *The Church Between Gospel and Culture,* ed. by George R. Hunsberger and Craig van Gelder, Eerdmans, 1996, p.8-10.

[23] Paul G. Hiebert, *Anthropological insights for Missionaries,* Grand Rapids, MI: Baker, 1985, p.52-56.

# 第二章
# 基督教與西方文化之會通

談到宗教與文化的會通，基督教在歐洲的傳播及發展，是一個成功的範例。但在討論基督教與歐洲文化的會通時，值得注意的是：基督教不僅在初期遭遇到希臘羅馬文化的挑戰，而且後期也成功地教化了先後入侵羅馬的蠻族，最後才逐漸形成今天以基督教為中心的西方文化。在會通的過程中，宗教與文化的交互影響是必然的。因此我們也將探討其會通的過程與結果。

## 第一節 基督教在歐洲的傳播

有關基督教在歐洲傳播的歷史，在許多中、英文的教會歷史書中，都有詳細說明。另外筆者所著的另一本姊妹作《宣教歷史》[1]，也從宣教觀點詳述不同階段的宣教策略及進展。在此僅作簡要的綜覽。

## 1. 使徒時代（公元 30 － 100 年）

基督教是由一小撮猶太信徒開始的，後來才逐漸在其他民族中傳開。這些基督徒自然地組成了「教會」，而初期教會的主要領袖都是那些跟隨過耶穌的十幾位「使徒」。這些使徒都曾受到不同程度的逼迫，而且絕大多數最後都為信仰殉道。其中活的最久的一位使徒乃是耶穌最親近的門徒之一「約翰」，著名的《約翰福音》及《啟示錄》即出自他的手筆，他大約死於公元95至100年左右。因此基督教的第一個階段稱之為「使徒時代」。

　　這些使徒們幾乎全部是來自巴勒斯坦北部加利利省的猶太人，他們文化水平不高，受希臘文化的影響程度較低，因此他們傳福音的對象，主要都是散居各地的猶太人。唯一例外的是使徒保羅。他誕生於大數城（在土耳其東南的海邊），這是當時羅馬帝國境內三個著名的大學城之一（另兩個是希臘的雅典及埃及的亞歷山大）。所以在使徒中，他受希臘文化的薰陶最深。但是保羅也同樣受過嚴緊的猶太宗教訓練，他是受教於當時最孚人望的「拉比」迦瑪列門下。正因他具備這種雙重文化的背景，保羅成為向非猶太裔的外族人傳揚基督福音的最佳人選。保羅傳教的基本策略有兩個：

（1）以大城市為中心，

（2）以猶太人聚集的會堂為起點。

　　他的都市宣教策略，日後形成了以城市教會為中心的教會体系。另外他以猶太會堂為起點的策略，更是促使基督教在羅馬帝國迅速廣傳的重要因素之一。

　　在當時，猶太人散居在羅馬帝國各大城市之內，總數約七百萬人，佔帝國人口的百分之七[2]。在猶太人的社區中，幾乎都有猶太教的會堂。而在猶太會堂中，也常還有一些歸依猶太教的外族人士，他們被稱為「虔誠人」(徒10:2)。因此，每當保羅在猶太會堂中宣揚基督福音時，不僅可以吸引一些猶太信徒，往往也得到許多「外邦」信徒。然後就從這些信徒開始，保羅建立了許多各地的教會，發展極為迅速。因此，最早期的基督教，猶太色彩濃厚，外人很難分辨猶太教與基督教的差異，而教會領袖也多半是猶太裔的信徒。所以依據使徒行傳11:19的記載，最早期的基督教，主要仍是在猶太人中傳播。這現象不僅在巴勒斯坦的教會是如此，即

便在巴勒斯坦之外亦然。

但是隨著基督教快速的成長，非猶太裔的信徒日漸增加，兩種不同文化背景的信徒，為了是否仍須嚴格遵守各種猶太禮儀引起了爭執。其中爭論最大的問題是猶太人對食物的禁忌和割禮。最後在公元 49 年的耶路撒冷會議中(徒 15 章)，教會領袖們才達成共識。他們採納了以使徒保羅及使徒彼得所提的建議，將「信仰」與「文化」作適當的區隔，不再要求外邦信徒遵守猶太人的文化和習俗。

耶路撒冷會議是基督教歷史上劃時代的事件，這個決議也成為日後基督教在不同文化中宣教的準則。從此，外邦信徒開始大量湧入教會。因此，在公元 60 年左右，除了巴勒斯坦的教會之外，羅馬帝國版圖內的教會，都已轉變為以非猶太人為主體的教會。即便如此，到公元 100 年左右，教會最興旺的地區，仍然與猶太人群居之地有許多重疊之處。直到第二世紀，教會才開始在沒有猶太人的地區發展。

但是後來由於下列三個因素使得基督教與猶太教漸行漸遠：

（1）教義上的衝突，

（2）猶太民族的排外性，和

（3）在巴勒斯坦發生的幾次反抗運動。

在教義方面，基督教和猶太教最大的衝突在於耶穌的身份問題。對基督徒而言，耶穌是「彌賽亞」（係希伯來文之音譯，即「救主」之意，希臘文之音譯為「基督」），是神的獨生子。祂是神成為人的形狀，來到人間，為替全人類贖罪而被釘死在十字架上。因此，基督教的基本信仰乃是建立

在基督的救贖、基督的復活及基督的再來等信念上的。而猶太教徒則期盼一位「民族救星」式的彌賽亞，他們無法接受一位為救贖人類而被釘十字架的基督。同時，猶太人的「獨一神論」也使他們難以接受神是「三位一體」的概念。這種教義上的差異，使得兩教越來越水火不容。

　　其次，猶太人的民族性極為排外，這是由於他們經歷亡國之痛，因此更希圖保持信仰及血統的純正。他們以「神的選民」自居，即使在落難他鄉之際，仍然能挺身昂首，傲然卓立。他們拒絕與那些未受割禮的「外邦人」吃喝交往，更不屑於與他們稱兄道弟的。然而基督教卻是一個向萬國萬民開放的普世福音。那些基督徒秉持著耶穌及使徒的教訓，不分種族、文化、貧富、貴賤、男女，彼此以兄弟姊妹相稱，親如家人。這在極端保守的猶太教徒看來，是匪夷所思的。因此，排他性強的猶太教與包容性大的基督教，自然發生衝突。

　　最後，使猶太人與基督徒分道揚鑣的重要因素，乃是發生在巴勒斯坦的猶太人革命戰爭。猶太人在羅馬帝國的鐵腕統治下，曾有近百年相安無事的日子。但是由於羅馬巡撫的橫征暴斂，終於在公元66年暴發了叛亂。羅馬軍隊在敉平這場暴亂時，約屠殺了六十萬至一百二十萬猶太人[3]，並且焚毀了聖殿。在這個時期的基督徒卻逃離了故鄉，定居在約旦河東岸的比拉城。猶太人指責基督徒的叛逆與懦弱，基督徒卻將聖殿之毀滅視為耶穌預言之應驗。雙方的仇恨日益加深，而基督徒也希望與叛亂的猶太人劃清界限。至此，基督徒乃與猶太教徒完全仳離。

　　但是也就在基督教與猶太教分手之際，基督教開始遭到

羅馬政府的迫害。使徒彼得與保羅都在公元64年為信仰殉道，死在尼錄皇帝手中。從此展開了為期長達兩百五十年的基督教血淚史。在此之前，基督教是在猶太教的影子下，不受注意地默默發展，甚至受到保護。因為羅馬人的宗教是多神的宗教，後來甚至連皇帝也被視為神祇，成為人們頂禮膜拜的對象。然而猶太人是不拜偶像的，所以在猶太人叛亂之前，羅馬帝國給猶太人特權之一，就是容許猶太人不參與祭拜神祇的儀式。由於早期基督教被視為猶太教的一支，因此也享受到同樣的自由與特權。可是後來基督教與猶太教的衝突日增，基督徒的人數也增加到相當引人注目的數量時，羅馬政府直接針對基督徒的逼迫也就開始了。但是總的來說，在使徒時代，羅馬帝國逼迫基督教的例子，大致上是零星的、局部的，而且為期不長。

值得注意的是：在公元 100 年左右，基督教在羅馬帝國內已有顯著地成長。其中有兩個重要的因素，第一，羅馬帝國四通八達的公路，有助於信徒往來傳播基督福音。第二，在公元三百年之前，希臘文是通行全國的語言，而基督教的《新約》聖經就是用希臘文寫的。至於耶穌之前寫就，與猶太教通用的《舊約》聖經，在公元前兩百年左右，已有希臘文譯本。因此，在傳播福音時，可以直接用希臘文講述，不需要藉助於經典的翻譯工作，這是基督教在羅馬帝國傳播，比印度佛教在中國傳播有利之處。

在這個時期，基督教與羅馬文化的交流還不太明顯，但與希臘文化的交流，則已經展開了。基本上這個時期基督教的宣教策略是採取「適應」(accommodation) 的模式 [4]。如果當地習俗與基督教的教義不相牴觸，則教會採取寬容的態

度；但是如果有衝突，則教會也絕不妥協。另外一個文化適應的範例，乃是《新約》聖經中的《約翰福音》。與《馬太福音》、《馬可福音》及《路加福音》三本耶穌傳記相比，《約翰福音》有明顯的希臘色彩。他以希臘哲學家所熟知的「道」(Logos)，來介紹這位成為肉身、活現在人面前的神，可以說是匠心獨具，而且貼切地將希臘人和猶太人對神共有的概念表達出來。

## 2. 教父時代（公元 100 － 500 年）

所謂的「教父」乃是初期教會的一些領袖，他們有些是思想家，有的是「護教者」，其中有多人也成為殉道者。這個時期，不僅是基督教的快速成長期，也是基督教「征服」羅馬帝國的時期。其中又以羅馬皇帝君士坦丁的米蘭詔諭（公元313年），下令停止對基督教的迫害，為這個時期的分水嶺。在此之前，基督教不斷受到無情的逼迫，而教父們的作品大多是用希臘文寫的，因此稱為「希臘教父」。但在君士坦丁歸信基督教之後，基督教卻搖身一變，成為受政府保護且擁有特權的宗教。在這個時期的教父作品，大多以拉丁文為主，因此稱為「拉丁教父」。

### 1) 希臘教父時期：君士坦丁歸信之前（公元100 － 312 年）

自第一世紀末開始，基督教受到血腥地迫害，但是教會仍快速地成長。初期的信徒，主要是以下層人士為主，但也有中產階級和少數上層人士。但是後來中產階級越來越多，到第四世紀初，已成為教會的中堅份子 [5]。他們絕不是像某些人所譏稱的「人類中的渣滓」。相反地，他們大部份過著有規律而且勤勉的生活，並以金錢資助窮困的教會 [6]。在道

德方面，基督徒的道德生活大體上很好 。他們禁止墮胎、殺嬰，而且收容許多棄嬰，撫養他們長大。在家庭方面則兒女孝順，夫妻互敬互信。甚至當時奉命捉捕基督徒的官員普林尼，也向羅馬皇帝報告說，基督徒實在可算是「模範公民」[7]。另一位異教徒格林也曾如此形容基督徒：「他們如此不斷地自律自制，他們如此強烈地渴望達到道德上最完美的境界，以至於他們幾乎不亞於一個真正的哲學家。」[8]

在當時，羅馬帝國的社會正面臨著越來越明顯的道德崩潰的危機。因為羅馬人原本樸實、勤勉的民族性，已隨著帝國版圖的擴大，而變得奢侈、淫逸、自大。羅馬帝國的原始宗教，是屬於「精靈崇拜」(Animism)，這是一種「非道德性」的宗教，因此無法提供高尚的道德準則。但是在接觸到希臘文化後，羅馬人就將希臘眾神吸收到與它們相似的羅馬諸神中。然而這種希臘羅馬宗教也只有少數羅馬公民及自由人才會信奉，對大多數的奴隸階層而言，反而是來自東方和埃及的神秘宗教及占星術，最為流行 [9]。

同時，在哲學方面，這時期更是百家爭鳴的時代。當時羅馬帝國境內流行的哲學思想，主要有新柏拉圖派、以彼古羅派、斯多亞派及犬儒主義等幾種 [10]。新柏拉圖派(Neo-Platonism)的思想強調靈肉二元論，認為靈魂是善的，肉體是惡的。並且要認識神，必須依靠神秘經驗。以彼古羅派(Epicureanism, 或譯為「伊壁鳩魯派」) 則是在公元前三百年創立的，其宇宙觀與近代的物質主義相似，基本上他們否定永生，追求即時行樂，以致於後來傾向於縱慾主義。斯多亞派(Stoicism)則強調理性與自我節制，其道德水平頗高，與基督教倫理有頗多相容之處。另外犬儒主義(Cynicism)則

主張以無慾為最高的德行，他們自甘過窮困的生活，是極端的禁慾主義者。所以在羅馬帝國之內，對於倫理道德的觀念，可以說是眾說紛紜，莫衷一是。

因此，在當時羅馬帝國所充斥的，是在道德上近乎真空的各種異教，或是道德敗壞的縱慾派，要不就是嚴酷的禁慾派等。相對的，基督教卻不分種族和階級，強調平等、博愛、節制和謙卑等美德，因此基督教成了最有吸引力的新興宗教。即便在壓迫及威脅之下，基督教的發展仍然極為迅速。據估計，到公元三百年左右，即君士坦丁登基之前，在羅馬帝國東方（小亞細亞及巴勒斯坦），大約已有四分之一是基督徒。在都市，基督徒人數更多，譬如敘利亞的安提阿城，基督徒約佔了一半左右[11]。但是在西方卻只有二十分之一[12]。這是因為，相對而言，西方在這兩百多年間，比東方戰亂少，希臘羅馬文化的根基也較牢固，基督教較不易滲入。

這個時期的教父，乃是一些被稱為「護教者」(Apologists)的人士，例如愛任紐(Irenaeus)、殉道者游斯丁(Justin)、俄利根(Origen)、特土良(Tertullian)、亞他那修(Athanasius)等人。他們最主要的貢獻，乃是將基督教神學思想，以希臘哲學的邏輯推理方式，將之系統化。特別值得注意的，他們都是飽學之士，也都有精深的希臘文化造詣。他們的心志乃是一方面要與反對基督教的人士為真理而辯，另一方面又要駁斥基督教內的異端份子。他們最主要的貢獻，乃是在基督教的教義方面。由於真理是愈辯愈明的，因此許多神學問題，諸如有關耶穌的神性、三位一體的神等，都是在這段期間被確立下來的。

這些希臘教父對希臘哲學的態度是十分友善的，他們認為希臘哲學是基督教的「先驅」或「啟蒙師父」[13]。所以，他們強調兩者的相似之處。例如柏拉圖的永恆概念、實体與表相的區分，都曾被俄利根借用來解說基督教的思想；而斯多亞派的道德觀念，也被視為與基督教倫理相互輝映。

此外，在這基督教創立的三百年之中，確立了新約正典、「使徒信經」(Apostles' Creed)和教會組織三件影響深遠的大事。「使徒信經」並非使徒們所寫的，而是綜合了使徒們的教導，以精確的文字，勾勒出基督教信仰的綱要來，成為歷代信徒的共同信念。新約「正典」(Canon)則指被眾教會共同認可的新約聖經書目。自基督教開始傳播以來，雖已有許多基督徒的著作在教會中流傳，但是其真偽、價值仍需鑑定。雖然新約正典是在尼西亞會議（公元325年）和老底嘉會議（公元363年）才追認的，但在此之前，共識早已形成了。這在視聖經為神的「啟示」之基督教而言，確立聖經的權威性，是至關重要的事。

至於教會的組織，也是逐漸發展的。最初的教會組織是很鬆散的，在各地方性的教會只有長老和執事兩種職份。後來由於教會人數日增，其中一位長老便成為長老團的主席，稱為「主教」。而大城市的主教也再進一步成為整個區域的「區主教」，至於教會的教區，往往是以羅馬帝國的「省」來劃分的。這種層次分明、組織嚴密的教會結構，是受到羅馬政治文化的啟發。在面對政府的逼迫和異端的挑戰時，這種教會組織，曾發揮極大的作用。

自第二世紀開始，基督教受到越來越嚴酷的逼迫。分析其原因，則有好幾方面的因素。**第一**，羅馬帝國在經歷將近

兩百年的太平盛世之後，開始遭遇到一連串的天災人禍，基督教就成了替罪羔羊。羅馬皇帝及官員認為，是因基督徒拒拜偶像，致遭天譴。當然這是推卸責任的話，但在無知的群眾裏，也的確發揮了轉移注意力的效果。

第二，基督徒拒絕對羅馬神祇獻祭，也不肯在皇帝雕像前燒香，這在羅馬人看來，是拒絕對羅馬帝國效忠的表現。在內戰外患頻仍，民眾忠誠度大為降低的時代，「對國家不忠」是極重的罪名。但是事實上，在基督教受盡逼迫的兩百多年中，基督徒很少反抗，而猶太人在公元66、132及156年，就引發了至少三次反抗羅馬的革命戰爭，每次都死亡枕籍。

第三，基督徒對世俗生活採取「隔離」的態度，教會領袖勸基督徒避免去競技場觀看殘酷的決鬥，或去戲院看猥褻的表演，特土良甚至要基督徒不要從軍。凡此種種，都曾被指責為搞分裂的行動。

因此，有兩百多年的時間，許多的基督徒被火燒死、被野獸撕裂、被斬首、被監禁或被鞭打，然而正如特土良所說的：「殉道者的血，好似一粒粒的種子。」[14] 雖然有少數基督徒變節，但絕大多數的信徒都堅持到底。殉道者對信仰的忠貞，激勵了許多信心動搖的信徒，並且贏得更多的信徒。這些基督徒不屈不撓地忍受試煉，默默地加添人數，以言詞對抗武力，以盼望對抗殘暴，最後擊敗了這個歷史上最強盛的帝國。這是人類歷史上，最偉大的一齣戲[15]。

## 2) 拉丁教父時期：君士坦丁登基之後（312－500年）

君士坦丁歸信基督教，不但是基督教發展史上的一個重

要的轉捩點，也是極為戲劇性的過程。依據歷史家尤西比(Eusebius)的記載 16，在公元312年一場爭奪王位的決戰前夕，君士坦丁看見天空有十字架，並有文字寫著：「靠這記號，就必得勝。」翌日，君士坦丁的軍隊，就拿著有基督記號的盾牌，高舉有十字架X與P記號（這是希臘文「基督」的頭兩個字母）的旗幟，與對手決一死戰。結果君士坦丁的軍隊大獲全勝。過了一年，君士坦丁就在米蘭下了一道詔諭，宣布停止對基督徒的逼迫，並賦予基督徒在法律前與眾人平等的地位。

君士坦丁的行動究竟是出於宗教信仰或是一種圓滑的政治手腕？很多歷史家認為是後者 17。因為一方面，他的軍隊中以基督徒為主，支持基督教對鼓舞士氣、團結人心有益。另一方面，基督徒的品格及對執政者的順服，也有助於鞏固君主專政的政權。何況這個新的宗教，或許還可以淨化羅馬的道德，並強化婚姻與家庭關係。

不管他的動機如何，他對基督教的支持，似乎是與日俱增的。他賦予主教在教區內有審判的權利，豁免教會的不動產稅，聖職人員又可免除某些公民義務。他自己還捐贈給教會大筆金錢，在君士坦丁堡及耶路撒冷興建宏偉的教堂，並定星期日為聖日，使百姓可以不作工，而去教堂作禮拜。這一切措施，都讓當時的基督徒歡欣不已，向神感恩讚美。

然而對基督教的發展來說，君士坦丁的「米蘭詔諭」是利弊互見的。由於作基督徒突然成為一種殊榮，而且有各種物質的、政治上的好處，因此成千上萬的人湧進了教會。但是「量」的增長卻同時帶來「質」的降低，教會領袖們開始有爭權奪利的事情，信徒們也有世俗化的傾向。同時，因為

大批的異教徒湧進教會，許多異教之風也帶入了教會。譬如說受異教多神信仰的影響，教會在第五世紀末開始敬拜聖徒、殉道者和聖母馬利亞。而對聖徒及殉道者遺物（諸如骨頭、頭髮、衣服碎片等）的迷信，也逐漸流行起來 [18]。

為了抗拒世俗化的潮流，「修道主義」(Monasticism)開始興起。最早的修道士是埃及的安東尼，他在公元270年開始過「隱士」般離群索居的日子。後來逐漸有修道士群居的情形，這是後來修道院的濫觴。到基督教被接納為國教之後，修道主義更是很快地傳到羅馬帝國各地，尤其是東方。而這些自願脫離塵世，立志過聖潔生活的修道士，便代替了早期的殉道者，成為信徒敬重、崇拜的對象。這些修道士，在第五世紀後，歐洲「基督化」的過程中，扮演了極重要的角色。

這段期間，最出名的教會領袖乃是安波羅修(Ambrose)、耶柔米(Jerome)和奧古斯丁(Augustine)三位「拉丁教父」。因為在此時，拉丁文逐漸取代了希臘文成為帝國內通行的語文。有人說希臘教父使基督教比較神學化、形而上學化及神祕化；而拉丁教父則使得基督教較為倫理化、法律化和實用化 [19]。

安波羅修（公元340－397）是尼西亞信經的支持者，為信仰的純正而努力。他最膾炙人口的事蹟，是禁止屠殺無辜百姓的皇帝狄奧多西領聖餐，直到皇帝公開認罪為止。耶柔米（公元340－420）最偉大的貢獻，乃是以二十三年的努力翻譯了拉丁文聖經，稱為「武加大譯本」(Vulgate)。迄今，這仍是被天主教視為最具權威的拉丁譯本。奧古斯丁（公元354－430）是基督教最重要的神學家之一，宗教改

革時期的神學家如馬丁路德等人，都從他的思想得到啟發。他最主要的作品是《懺悔錄》及《上帝之城》。他所提出的「原罪」觀念，是基督教最主要的教義之一。

在這期間，教會召開四次重要的國際性「大公會議」：尼西亞會議（公元 325 年）、君士坦丁堡會議（公元 381 年）、以弗所會議（公元 431 年）和迦克墩會議（公元 451 年）。這些會議都是為了教會內的教義之爭而開的，大會結束時所制訂的「信經」，至今仍為希臘東正教、羅馬天主教和大部份的基督教（新教）所共同接受。直到這個時候，基督教內部的教義之爭，才算大致平息。

然而在政治和軍事方面，羅馬帝國從第四世紀開始，已經日暮途窮了。在羅馬帝國的外圍有許多蠻族，其中最主要的是日耳曼裔的哥德人。公元 376 年，西哥德人因受匈奴人的壓迫，而越過多瑙河入侵羅馬帝國。這些哥德人雖然最後被逐出東羅馬帝國，但是他們又聯合了其他的日耳曼部族攻打帝國的西方。公元 410 年，阿拉利(Alaric)率領西哥德人攻佔羅馬城，六天六夜之久，蠻族洗劫了這個大城。對羅馬帝國內的百姓而言，這是令人震驚的事。許多異教徒責怪基督徒背棄了羅馬神明，致遭此劫。奧古斯丁為了回應異教徒的控訴，就寫了他的不朽名著《上帝之城》。

羅馬帝國為何衰亡？這是歷史上的熱門話題。吉朋(Edward Gibbon)在他的名著《羅馬帝國興衰史》中斷言，是基督教毀了羅馬帝國[20]。他說基督教不但對古典文化宣戰，又使人們從積極的現實生活轉變為消極地準備世界末日的來臨。正當羅馬帝國號召人去作戰時，基督教卻散佈和平與不抵抗的觀念，並鼓勵人拒服兵役。因此，基督教的勝

利，就是羅馬帝國的滅亡。

上述這些評語，的確有部份屬實。但是正如名歷史家威爾杜蘭的看法，基督教的成長，與其說是羅馬帝國衰頹的「原因」，勿寧說是羅馬帝國衰頹後所造成的「結果」[21]。因為在基督教開始傳播之前，羅馬帝國的宗教與道德已經瓦解，所以基督教才能快速地發展。公平地來說，基督教對羅馬帝國倫理道德的重整，頗有裨益。實際上，羅馬帝國的滅亡，不是由於外力的摧毀，而是由於內部的腐蝕所造成的[22]。

羅馬帝國傾覆的基本原因，是在於她的人口銳減、道德風氣敗壞、階級間的鬥爭、賦稅繁重、戰爭頻仍[23]。人口減少是因為中上階級的節育、墮胎，加上瘟疫與戰爭，使帝國西部人口銳減。到第四世紀左右，大部份的羅馬軍隊都是日耳曼人或外族僱傭兵。羅馬人原有的純樸、剛健的性格，也在耀眼的財富中消失殆盡。同時，為了上層人士的奢侈享受，稅負極重，民不聊生，階級間的矛盾日增。所以，羅馬帝國的敗亡，內部的因素才是主要原因。

然而，西羅馬帝國並沒有因羅馬的淪陷立刻滅亡，還苟延殘喘了六十多年之久。公元４５２年，匈奴王阿提拉(Attila)入侵義大利，準備進攻羅馬，後來因教皇利奧一世(Leo. I)的交涉才撤兵。公元455年，另一支日耳曼裔的汪達爾人(Vandals)繼侵佔西班牙和北非之後，渡過地中海進攻羅馬。這次又是因著教皇利奧一世的求情，才使羅馬在經過十四天的揉躪之後，還幸得保存。公元476年，羅馬軍隊的蠻族將領叛變，自立為王，強迫羅馬皇帝退位，西羅馬帝國至此正式滅亡。但是東羅馬帝國（或稱「拜占庭帝國」）

則還延續了一千年之久，直到公元1453年，君士坦丁堡才
淪陷於土耳其人手中才結束。

## 3. 中古世紀（公元 500 － 1500 年）

　　當羅馬皇帝無法保護羅馬城時，卻是教皇救了她。因為
那些先後入侵西羅馬帝國的蠻族，有許多原先已經接受基督
教的信仰。像東、西哥德人，在第四世紀初，就已經接受了
基督教，且有了哥德文的聖經，只是他們是屬於被列為異端
的亞流派(Arian)。而同屬日耳曼族的汪達爾人及布根地人
(Burgundians)也是亞流派的基督徒。因此這些蠻族對教皇
都還很尊重，才能略有節制，免得生靈塗炭。教會在此烽煙
四起、群龍無首的關鍵時刻，卻仍然能屹立不動，成為亂世
的中流砥柱，準備承當雙重使命：一方面要把基督教的信仰
介紹給他們，另一方面還要教育這些人。所以在接下來的一
千年中，他們在這雙重使命上，有輝煌的成就。在蠻族傾覆
羅馬帝國後五百年，歐洲的新興國家幾乎都成了基督教國
家。再過五百年，即公元1500年左右，這些新興國家也都
已發展出其獨特的民族文化。所以，中古世紀的教會不僅是
宗教的捍衛者，也是文明的締造者。

### 1) 中古世紀前半期（公元 500 － 1000 年）

　　在第六世紀初，除了哥德人及部份日耳曼人是屬基督教
亞流派之外，大部份的蠻族都是異教徒。這些信異教的蠻
族，在羅馬帝國版圖內的，有在高盧北部的法蘭克人
(Franks)，在荷蘭東部的撒克遜人(Saxons)，和在不列顛的
盎格魯撒克遜人(Anglo-Saxons)；在羅馬帝國版圖以外的
蠻族還有住在愛爾蘭的塞爾特人(Celts)、住在北歐的斯干地

那維亞人(Scandinavians)等。

這些蠻族大部份沒有文字，但有自己的宗教及神話，也有法律和制度，只是不懂得讀與寫，因此沒有高度的文明。要教化這些蠻族是一項艱巨的使命，但是在五百年內，教會逐步地完成了這項任務，歐洲各蠻族都先後接受基督教。以下是其中一些主要的民族歸向基督教的時間：

愛爾蘭人　　　　第五世紀末
法蘭克人　　　　第六世紀初
英格蘭人　　　　第七世紀初
荷蘭人　　　　　第八世紀初
日耳曼人　　　　第八世紀中
斯拉夫人　　　　第九世紀末
斯干地那維亞人　第十一世紀初

值得注意的是，過去都是個人接受基督教的信仰，在這段時間，常常是只要國王信了基督教，全族的人也都同時歸信。譬如說，法蘭克王克洛維(Clovis)原是異教徒，後在主教的安排下，娶了一位基督徒公主克羅蒂達(Clotilda)。經由克羅蒂達的影響，再加上他戲劇性地贏得了一場決定性的戰役，克洛維乃在公元 496 年，率同三千名部屬同時受洗[24]。這種用婚姻為手段，來達成傳教的目標之策略，曾用了不止一次。這與唐朝時代，篤信佛教的文成公主下嫁西藏，結果使西藏完全佛化，有異曲同功之妙。

另一種有效的傳教方式，是以武力為後盾的策略。例如查理曼(Charlemagne，公元 768 － 814 年)就強迫他所征服的地區人民以受洗來表示順服。當然，在這個時期，純粹以武力為手段來宣教的，並不多見。通常都會與其他方式

（譬如派修道士去教化百姓），綜合運用。但是基本上，在中古世紀的教皇及教會，都是採取先針對統治階層的「由上而下」的宣教途徑 [25]，這與基督教在頭三百年所用的「由下而上」的草根性策略是大相逕庭的。這種由上而下的宣教策略，不可否認的，的確達到了「群體歸信」(Mass Conversion)的效果，使得歐洲在五百年內全部基督化。

這種由上而下的策略，直到十九世紀，還是天主教主要的普世宣教策略。例如自利瑪竇來華，一直到清朝末年，天主教在中國都是將注意力放在皇帝及官員身上，期望藉著他們的改信基督教，能重演當年歐洲蠻族先後全族歸信基督教的事蹟。只是因為中西文化和環境的差異，事與願違，功敗垂成，此為後話。

從外在形勢來說，在這五百年間，歐洲的情勢可以說十分慘澹。在西方，有蠻族的爭伐；在東方，則有回教的攻擊。在第七世紀末，回教已囊括了小亞細亞、敘利亞、巴勒斯坦、埃及和北非。到公元 718 年，回教的軍隊又攻佔了西班牙，開始進攻高盧。幸而於公元732年，法蘭克王「鐵鎚查理」(Charles Martel)在都爾平原，擋住了回教精銳的騎兵，才挽救了西歐。但是基督教已經元氣大傷，失去了一半以上的教區及信徒，而西歐又甫經戰亂，整個形勢可以說是壞到極點。然而就在這歐洲諸王群龍無首之際，教會卻扮演了調和鼎鼐的角色，在政治上有舉足輕重的地位。

但是從文化的角度來說，在中古世紀，真正挑擔了文化承傳之重任的，卻是修道院。其實，修道院在中古世紀的歐洲，幾乎同時承當了「宣教中心」、「教育中心」和「文化中心」的三重角色。

　　在宣教方面，愛爾蘭的修道院豎立了極為成功的典範。自從聖派垂克(St. Patrick)在公元432年將基督教傳入愛爾蘭之後，修道院在文化較落後的當地，有極大的影響力。後來因歐洲大陸的戰亂，許多飽學的僧侶逃至愛爾蘭，使愛爾蘭的修道院水準大為提升。在第六至八世紀之間，愛爾蘭的修道院收納來自英國及歐洲大陸的青年學子，施予最好的教育。但是愛爾蘭教會的另一個特性就是富有宣教的熱誠。這些塞爾特裔的修道士與歐洲大陸的僧侶不同，他們不願意在一個地方待太久，他們常常十二個人一組，出去作「基督的朝聖者」[26]。他們主要的動機，是為了作苦行僧，宣教其實是附帶的結果。然而自第六世紀開始，這些塞爾特僧侶將基督教傳到了英格蘭、蘇格蘭和歐洲大陸每個角落。所到之處都興建修道院，一面訓練宣教士，一面研究聖經。所以修道院成為當時的宣教與文化的中心。通常，這些塞爾特僧侶並不是由教會正式差派出去的，而是自動自發地外出宣教。但有一些修道士，則是由教皇特派到未聞基督福音之處。例如被尊稱為「日耳曼人的使徒」之波尼法修(Boniface)，就是由教皇為了擴張教區到德國而差派去的。他設立了幾所著名的修道院，並教導當地人畜牧、農業及家事等技術，建樹頗多。

　　在教育方面，修道院的貢獻，更是功不可沒。在西羅馬帝國解體以前，世俗的教育基本上是由政府負責的。當時的課程是延續希臘式的教育理念，要學習初級的「三學科」(Trivium)，即文法、修辭和邏輯；還有高級的「四學科」(Quadrivium)，即算術、幾何、天文和音樂。這七門課程，在中古世紀結束以前，一直是西方世界人文教育的核心

課程。在西羅馬帝國滅亡後，歐洲各國便越來越依賴教會來提供受過教育的神職人員襄贊公務，而修道院也逐漸成為教育中心。

　　從一開始，修道院就很看重教育。最初修道院只收有心加入修會作修道士的男孩，但是到了第九世紀，修道院也容許那些只是為受教育而來的人入學，但是教育的目標仍然是宗教。至於在課程安排上，仍以傳統的七個學科為主，並以拉丁文來教學（此時已很少人會希臘文了）。自第六至第十一世紀，那些修道院的學校，幾乎主導了整個歐洲的教育界。其中最著名的學校，分別設在法國、德國、義大利、英國、愛爾蘭和蘇格蘭等地。

　　其實法蘭克王「鐵鎚查理」的兒子丕平(Pepin)在波尼法修的協助下，就已開始進行教育的改革，但是最有成果的，還是丕平的兒子查理曼。當查理曼在公元 800 年被加冕為神聖羅馬帝國的皇帝之後，他努力地為西歐人民取得三件無價之寶 ：法律、文化和基督教[27]。在文化方面，他大力提倡教育，並特別自英格蘭禮聘神學家阿昆(Alcuin)來主掌皇家學院。阿昆在皇家學院中栽培了許多優秀的人才，後來他們都成為修院及學校的領導人。因此，雖然後來查理曼帝國不久就分裂了，但是阿昆及他的學生所帶來的教育改革，卻產生了所謂「查理王朝的文藝復興」(Carolingian Renaissance)。

　　至於文化方面，修道院的貢獻也不可忽視。第一，修道士在印刷術未發明前，抄寫許多的聖經經卷和各種古典著作，為文化留下了無價之寶。第二，他們為了教化蠻族，甚至為蠻族創立他們自己的文字。譬如被稱為「斯拉夫教會之

使徒」的司瑞爾(Cyril)和美梭丟斯(Methodius)，就是由希臘正教於公元860年派往斯拉夫族的莫拉維亞人（即今之捷克）中間，去傳播基督教的。他們兄弟二人就為斯拉夫人發展出一套通用至今的斯拉夫字母，為斯拉夫人奠定了文化的根基。此外，哥德人所用的哥德文字，也是由宣教士發明的，並為他們翻譯了聖經。這種以創立本族文字系統的宣教模式，是基督教(新教)自十九世紀以來，一直採用的方法，對沒有文字的文明落後地區的文化傳承，有極大的貢獻。

因此，基督教在開頭的五百年裏，主要是在思想上，和已發展到高度水平的希臘羅馬主流文化會通，形成一個新的希伯來—希臘—羅馬文化，並逐漸佔據主導地位。自第六世紀開始，情勢有了新的轉變。如今基督教所面對的，是在文化水平上相對較低落的蠻族文化。所以，這個時期的基督教是以「強勢文化」的身份，來提攜、濡化甚至改造本地的文化。因此，今日所謂的「西方文化」，其實有很多是以基督教思想為主体，所創造出來的新文明。

在政治方面來說，教會在第六至十世紀之間，勢力日漸高漲。第一，羅馬教皇的地位已明顯地凌駕在其他主教之上，只有君士坦丁堡的大主教勉強可與之分庭抗禮。第二，在歐洲陷入各立為王的戰國時期，教皇的地位反而變得舉足輕重。尤其是教皇大貴格利(Gregory the Great)，他在公元590至604年間擔任教皇，並取得政治大權，指派都市行政首長，並與蠻族締訂和平條約。第三，教皇在第八世紀開始為君王加冕，使教皇的地位更是如日中天。

然而自第九世紀開始，封建制度漸漸發展，形成諸侯割據的局面。而教皇就一度被義大利諸侯所控制，直到教皇若

望十二世結合了德國國王奧圖(Otto I)的力量，才掙脫義大利的轄制。但是政教之間的權力鬥爭，卻一直不斷。在東方的教會則完全不同，他們一直用希臘文，在回教興起後，更失去了大多數的教區及信徒。在政教關係方面，東方教會則一向屈服在東羅馬帝國之下，東羅馬皇帝完全控制君士坦丁堡主教長及教會。而東西方的教會關係一直很微妙，若即若離，明爭暗鬥。到了公元1054年，由於教皇利奧九世與君士坦丁堡主教長交惡，雙方關係才正式決裂。

## 2) 中古世紀後半（公元 1000 － 1500 年）

自西方拉丁教會與東方希臘教會分道揚鑣後，希臘教會在回教壓力之下，沒有太大的發展，只有在斯拉夫民族間，仍有宣教工作繼續進行。所以俄羅斯及許多東歐國家，迄今仍屬希臘東正教的範圍。但在其他地區，希臘正教只能勉強維持原有的局面，無法進一步開展。然而在西方的拉丁教會，不但教皇的權勢依然如日中天；而且在文化的貢獻上，又有更進一步的發展。當然在這五百年間，最重大的事件，可能是「十字軍東征」了。十字軍東征的原因，是因為在東方，土耳其人代替了阿拉伯人佔領了小亞細亞和巴勒斯坦，對來自歐洲的朝聖者非常不友善，因此教皇烏班二世(Urban II) 在公元1096年發動了第一次的十字軍東征。之後，直到十三世紀中期，共有八次左右的十字軍東征，前後持續了二百年之久。

從政治和軍事的角度來看，十字軍東征可以說乏善可陳，因為固然第一次東征奪回了耶路撒冷，但也只勉強維持了八十年。然而從文化的角度來看，十字軍東征使許多西歐人第一次接觸到文化水平更高的東羅馬帝國及回教國家，不

但促進了東西文化交流，也因此吸收到久已失傳的希臘文化，以致於引發了西歐在十三、四世紀的「文藝復興運動」。事實上，歐洲的文藝復興，從某個角度來說，也是文化的「復古運動」或「尋根運動」。因此學習希臘文和用高雅的拉丁文寫作，蔚為時尚。

然而從基督教對歐洲文化的貢獻來說，在這五百年間，最主要的影響仍是修道院運動。只是這時的修道院，與六、七世紀時代的修道院已有很大的改變。在九世紀左右，許多修道院已逐漸世俗化，腐敗的風氣也開始蘊釀，因此在十世紀和十一世紀分別有「克呂尼運動」(Cluny Movement)和「西妥修會」(Cistercian Order) 兩次的修道院革新運動。

克呂尼運動是由於一位敬虔的亞奎丹公爵，在公元910年於法國東部的克呂尼，創立一所新的修道院開始的。他們嚴格執行禁慾主義，但的確喚起當代靈性的覺醒。從另一個角度來看，克呂尼運動是一種「體制內的改革」，期望恢復修道院和教會的自主性，可以不受地方政治勢力的操縱。在最興旺的階段，克呂尼運動曾一度統管了兩千多所修道院。在十至十一世紀之間，許多教皇是克呂尼運動的支持者，也使這運動的影響力達到最高潮。但是在十二世紀之後，這個運動的勢力也開始衰微了。

與克呂尼運動相當不同的是「西妥修會」。這個新的修會是在公元1097年創立於法國的西妥(Citeaux)。他們強調勞力而非學術，看重私禱而非公禱，要求每個修士親手耕作、織補、煮食，不得假手僕役。他們生活十分清苦，因此贏得百姓的敬重，在十二世紀末，有幾百間西妥修道院散布在歐洲各地。可是在十三世紀後，由於西妥修會已變得很

出名，又很有錢，所以原初的宗旨不再能夠維持，聲勢也就下墜了。

事實上，在中古世紀後期，最有影響力的團體，乃是一些新興的修道教團，其中最著名的有「方濟會」(Franciscans)及「道明會」(Dominicans)。他們的修道士與早期的僧侶不同，這些修道士被稱為「傳道士」(Friars)，因為他們在街道、在教堂、在學校，到處講道或教導群眾，影響力很大。後來他們也幾乎壟斷了大學的教席，許多著名的教師，都是來自這兩個修會。

道明會是由西班牙的道明(Dominic de Guzman, 1170-1221) 在公元1220年所創立的，他的心志乃是訓練一批受過良好教育的修道士，藉著講道來教化人心。因此他們的修道士都稱為「講道僧侶」，又稱「黑袍僧」(Black Friars)，因為他們都穿黑袍。道明會修道士以博學著稱，許多中古世紀的著名神學家，都出身於道明會。其中最著名的是阿奎那(Thomas Aquinas)。同時，由於他們有護教的熱誠及口才，所以他們也專門作對付異端的工作。十三世紀之後成立的「異教裁判所」，就是由道明會主持的。在清朝康熙年間，為了祭孔與祭祖問題，和耶穌會教士鬧出「禮儀之爭」的，也是道明會的修道士。

至於「方濟會」則由亞西西的法蘭西斯(Francis of Assisi, 1182-1226)於公元1209年 創立的。他出身富家，但獻身後立志過貧窮的日子，並賙濟窮人。因此方濟會的修道士自稱為「小僧侶」(Minor Friars)，又稱「灰袍僧」(Grey Friars)，因為他們經常穿灰袍，並且赤足。但是到了後來，他們也發現不容易保持過清貧的生活，於是方濟會也容許他

們擁有財物。只有少數堅持遵從法蘭西斯最初之會規的僧侶，就分裂出去，自成一派，但備受逼迫。方濟會原以慈善工作為主，所以有「反智」的傾向。可是到後來，為了訓練年青的僧侶，也開始注重教育，因此漸漸和道明會僧侶採取類似的作法。

值得注意的是，在中古世紀的後期，西歐的教育中心，已經逐漸由修道院轉移到「主教學校」了。因為當教會穩定下來的時候，主教們就在自己的座堂設立學校，因此稱為「主教學校」或「座堂學校」(Episcopal or Cathedral School)。隨著都市的發展，有些大城市的主教學校增長得很快，無論是財力或人力，都不是任何一個修道院可以比擬的。因此到十二世紀後，歐洲的教育中心已經都是主教學校了，其中有一些更成為歐洲著名的學府，諸如巴黎、牛津、劍橋、布隆那等地。這些主教學校不僅訓練聖職人員，也培育人文學科和神學的師資。

由於這些主教學校發展得很大，許多主教就指定校長來督導校務，學校也越來越有自主權，所以後來許多主教學校就轉變為今天著名的大學。當時校中的師資全部都是修道士，尤其是道明會及方濟會的僧侶。所以近代歐美的高等教育，事實上是基督教教育之產物。到公元1300年時，已有大學在巴黎、里斯本、劍橋和牛津等地成立了。這對歐洲文化的提昇，是非常重要的發展。

十三世紀之後的文藝復興，不但刺激許多青年人求知的慾望，也使希臘哲學，尤其是亞里斯多德的哲學思想體系，再度成為當代思潮的主流。那個時代也是「經院哲學」(Scholasticism)主導的時代，著名的學者如安瑟倫、亞伯拉

德和阿奎那等人，都是經院哲學的代表性人物。他們嘗試將神學與希臘哲學揉合為一個統一的思想體系，發展出「基督教的人文主義」，而阿奎那的《神學總論》(Summa Theologica) 就是其中的代表作。迄今，這鉅著仍是天主教的神學基本教材 。

文藝復興對歐洲文化的影響是很廣泛的。第一，文藝復興帶來新的思想，其中很多是與中古世紀的禁慾主義反其道而行的。因此文藝復興在某種意義上是一種思想解放運動，也是十八世紀啟蒙運動的先聲。第二，文藝復興也引起研究聖經原文（希臘文和希伯來文）的興趣，但是在研讀聖經及早期教父的著作時，許多聖經學者和神學家發現，當時教會的儀文、傳統和規條，往往與聖經的教訓及初期教會的作法大相逕庭。這些新的發現，引發了一波波的爭議及改革呼聲，最後導致公元 1517 年馬丁路德的「宗教改革運動」。第三，文藝復興也帶來了藝術的黃金時代，米開郎基羅的雕塑，達文西、拉菲爾等人的畫，都在教皇的支持下蓬勃發展，寫下了歐洲藝術史上最燦爛的一頁。

## 4. 宗教改革之後（公元 1500 年迄今）

從基督教與歐洲文化的會通的角度來說，歐洲在十二世紀在表面上已「基督教化」了，但是在深層思想或世界觀方面，則尚未完全被轉化過來。因此，這是一個從「質變」到「量變」，再由「量變」到「質變」的過程。換句話說，到十二世紀時，基督教在歐洲「量變」的目標已經達成了，但是要使基督教的思想在群眾心裡深刻化的任務，則還有待努力。到十六世紀時，藉著教育的手段，進一步的質變工作已經大致上完成了。

到了十六世紀初「宗教改革運動」以及隨後發生的「啟蒙運動」，才使整個情勢開始改觀，教會開始逐漸落居被動的地位。教廷的腐敗和教會的分裂，使天主教自顧不暇，新教則實力尚弱，均乏力兼顧文化的工作。民族主義的浪潮，使教育的主權逐漸轉移到各國政府的手中，公立學校開始出現。大學也越來越獨立自主，漸漸脫離教會的管制，世俗的人文主義開始萌芽。到了十八世紀，啟蒙運動的先鋒們，強烈地批判教會，天主教會在內憂外亂中逐漸趨於守勢，倒是新教逐漸開始展現活力，積極向海外宣教。但是歐洲的文化中心，已由教會轉移到大學，至此，教會主導歐洲文化的時代性任務，終告結束。

同時，十六世紀也是帝國主義高漲的時代，以西班牙和葡萄牙為首的海上霸權，開始向美洲、非洲和亞洲開拓殖民地，天主教的教廷也同時派出宣教士到這些地區傳教。之後，英、法、德、荷等國也向外開拓殖民地，而新教的宣教士也在十八世紀開始積極宣教，甚至有後來居上之勢。但這些基督教在歐洲之外的宣教活動，不屬本章主題範圍之內，故在此暫且按下不表。

另外，十七、十八世紀開始的「啟蒙運動」，以及之後興起的新思潮如理性主義、虛無主義和存在主義，雖然都對當代歐洲思想有重大影響，但是也因與基督教和歐洲文化之會通關係不大，所以只有將來另行專文討論。

## 第二節 基督教在西方文化發展中的角色

基本上，基督教和歐洲的西方文化之間，自第一世紀到現在為止，有四個階段，每個階段都約有五百年左右。而且

基督教在歐洲所扮演的角色，不僅是古代西方文明的「繼承者」，更是近代西方文化的「締造者」。

## 1.「文化交會」時期──道德的重整

基督教在西方發展的初期五百年，是屬於「文化交會」的時期。在這個時期，希臘羅馬文化對基督教有許多影響和貢獻。正如有些學者所指出的：基督教由希臘吸取了她們精確的觀念及清晰的語言，將之用於教義的說明上。基督教也由羅馬擷取了法律及政府組織的概念，藉此建立了教會嚴密的組織結構。但是其宗教及靈性方面的核心思想，卻全然是來自希伯來的宗教。

然而同時，基督教也對當時的羅馬帝國，產生了深遠的影響。首先在宗教方面，基督教所提倡的是一種富有倫理實踐精神，又強調神聖超越之愛的一神信仰。這與當時民間流行的精靈崇拜式的原始宗教、希臘羅馬式的多神宗教、東方式的神秘宗教、或希臘哲學家們的泛神論式宗教，都大異其趣。在宗教和思想相互激盪衝突的過程中，基督教的優越性也逐漸表現出來。

基督教與當時的其他宗教相比，她的優越性在於它的「合理性」及「倫理性」。基督教雖然重視神祕的宗教經驗，但是也強調理性思考；前者是主觀的經歷，後者是客觀的驗證。基督徒行事為人是依據《聖經》的原則，而非依賴異教祭司的「神諭」(Oracles)；運用理性判斷，多過用直覺感受。因此，單從知識探索的方法論而言，基督教是最合乎理性的。基督教在羅馬帝國的傳播，不僅有助於宗教迷信的破除，也有益於民智的開啟。

　　至於倫理性方面，基督教與猶太教都是因信徒的聖潔生活而廣受稱道的。只是猶太教的「種族中心主義」，使之自絕於外人。基督教則吸引了許多教外人士的加入，即便屢經迫害，教勢依舊蒸蒸日上。在道德方面，基督教不但重視個人的操守，也強調公共道德。基督教自始就鼓勵信徒捐獻，並且關顧窮人、孤兒及罪犯。並曾在早期某些地區實施共產主義式的社區生活，這是以一種自願的「財富再分配」的方式，過群體生活，這對於減少貧富懸殊，有明顯的效果。因此，在這基督教與西方文化會通的第一個階段，基督教最主要的貢獻，乃是在社會倫理的重建和道德的重整上。雖然基督教所帶來的這些改革，並未能挽救西羅馬帝國亡於蠻族的命運(因為那還牽涉到經濟、政治和軍事等多種因素)，但是基督教至少幫助東羅馬帝國的國祚延長了一千年之久，並且也幫助西歐文化的重建。

## 2.「文化承續」時期──民智的啟發

　　基督教在歐洲的第二個五百年，是教化蠻族的時期。基督教在這五百年內，不僅使整個歐洲基督教化，而且成功地保全了希臘、羅馬和希伯來文明的精華，沒有毀於蠻族之手。這對文化的傳承，有不可磨滅的貢獻。因為如今基督教所面對的，是在文化水平上相對較低落的蠻族文化。所以，這個時期的基督教是以「強勢文化」的身份，來提攜、濡化甚至改造各地區的原有文化。

　　因為在中世紀的歐洲，當西羅馬帝國傾覆，國家教育系統停擺時，卻是基督教的修道院承當起「傳道、授業、解惑」的重任，維繫了文化的命脈。修道院在中古世紀的歐洲，幾乎同時承當了「宣教中心」、「教育中心」和「文化

中心」的三重角色。不僅如此,基督教更將拉丁文化及教育理念,推廣到歐洲各個角落。基督教的宣教士不僅前仆後繼地前往蠻荒地帶傳教,而且為許多沒有文字的民族創立了文字,並設立了修道院作為教育中心。使未開化的蠻族,諸如北歐的維金人,英國的薩克森人,高盧的哥德人、法蘭克人等,在短短的幾百年內,都成為文明國家。

所以基督教在這個時期,是歐洲文化的「主導者」及「奠基者」,這種說法,並不算誇大。因此,今日所謂的「西方文化」,其實有很多是以基督教思想為主体,所創造出來的「新文明」。

## 3.「文化再造」時期——教育的推廣

自十一世紀開始,由於十字軍東征導致的東西文化交流,和繼之而起的「文藝復興運動」,使這個時期的歐洲文化彷彿枯木逢春,百花爭妍。希臘文化經由阿拉伯學者再度被引介回歐洲,引起復古的熱潮。這是歐洲「文化再造」的時期,許多歐洲最精緻的藝術作品,也出自這個時代。

在文藝復興時期,基本上基督教仍然扮演著主導文化發展的角色,特別在教育方面。因為許多早期的大學都是脫胎於教會的主教學校,而學識最好的學者,也都出身於道明會或方濟會等天主教修會,「經院哲學」更是主宰當時學術界的主流思想。所以基督教的影響力,透過教育的管道,仍然無與倫比地主導著整個西方世界。

## 4.「文化更新」時期——思想的解放

十六世紀初的「宗教改革運動」,不僅在基督教的發展上,是一個重要的分水嶺,在西方文化史上也是一個「思想

解放運動」及「民族文化運動」。因為一方面宗教改革家強調聖經的權威性，所有的基督教傳統和儀文，都必須在聖經的準則下，重新再檢驗。這種「批判式思考」的立場，對天主教教廷的威信固然是極大的挑戰，但對每位信徒而言，則是學習獨立思考的開始。因此，宗教改革運動是一個思想解放運動。

同時，這些宗教改革家，如馬丁路德和加爾文等人，強調所有的職業都是神聖的，都是信徒可以用敬虔的心去從事的。這觀念鼓舞了基督教（新教）信徒從事各行各業時，有一股新的動力和「敬業精神」。在英國，這是清教徒大批投入科學研究，導致近代科學在英國突飛猛進的主因。另外，德國社會學家馬克斯韋伯也在他的名著《新教倫理與資本主義興起》中，力言宗教改革家們的思想，是資本主義在歐洲興起的推動力 。

除此之外，宗教改革家為了使聖經更普及化，乃用各種語文翻譯聖經，在很短時間內，德文、英文、法文聖經已經譯妥，這對促進各民族發展各自的民族文化，有極大的鼓舞。在這之前，天主教的教庭為了竭力維護「大公教會」(Catholic Church)的統一性，堅持在各國各民族都用拉丁文聖經，也只能用拉丁文舉行宗教儀式，以致於後來只有聖職人員才能看懂聖經，一般平民則無法窺其堂奧。宗教改革不但使信仰更能落實到每一個民族的文化中，同時也間接地助長了正在萌芽的民族主義思想。

## 第三節 希臘、羅馬文化對基督教的影響

基督教原本是脫胎於希伯來的宗教，因此，在與希

臘和羅馬文化會通時，必然會發生交互的影響。本節就是要探討，在基督教發展的過程中，希臘和羅馬文化對基督教所起的作用，以及基督教思想在傳播的過程中，如何利用希臘羅馬文化的框架和思維方法，來達到傳教的目的。

## 1. 希臘文化對基督教的影響

自從馬其頓的亞歷山大大帝建立了一個橫跨歐亞非三洲的希臘帝國之後，他及後繼的君王都強力地推動希臘化運動，而希臘文就成為當時的國際性語言。甚至當希臘帝國滅亡，羅馬帝國取而代之以後，希臘文依舊是帝國內主要的語文。直到第四世紀之後，拉丁文才漸漸取代希臘文成為羅馬帝國的主要語文。

因此，當基督教開始傳播時，希臘文化是當時的主流文化。但是當時的希臘文化已非古典的希臘文化，而是一個包容當時整個文明世界的世界性文化。希臘文化之所以能主宰整個羅馬帝國，主要是透過教育的途徑。那時希臘文不僅是知識份子的共同語言，也是通商用語。而且希臘的教育理念，和以七門人文學科為主的課程內容，更成為所有知識份子標準的學習項目。

至於基督教與希臘文化之間長時間的對話，第一階段是從一些「護教者」開始的，第二階段是由在埃及亞歷山大以革利免和俄利根為首的基督教學院接棒，最後則是第三、四世紀的希臘教父們接續這項工作。

在那些護教者（特別是殉道者游斯丁）看來，在基督教與希臘哲學之間，存在著許多共通的真理。這是因為他們認為，一些最睿智的希臘哲學家，也可能約略領悟那內住於人

心的真理，也就是「道」(Logos)。但他們堅持這真理仍只有藉著「道成肉身」的耶穌，才能將之完全彰顯。亞歷山大學院的革利免則進一步地主張，只有藉著希臘哲學概念，才可能完全理解基督教信仰。

但是嘗試將希臘哲學引入基督教最力的人物卻是俄利根，他深受在亞歷山大的猶太哲學家費羅(Philo)的影響，想把新柏拉圖主義與基督教思想結合。但是他對「道」的看法，由於深受新柏拉圖主義的影響，以致於使「道」有低於父神的傾向，而違反了基督教「三位一體」的信仰，因此後來俄利根被判為異端，被逐出亞歷山大。然而他對基督教與希臘哲學的會通之貢獻，是不容抹殺的。

希臘文化對基督教最大的影響是文字和語言方面。在古代，希臘文是哲學語言；在基督教世界，希臘文則是神學語言。希臘文是非常精確細緻的，適於表達複雜的概念。基督教的《新約》聖經及最早期教父的著作，都是用希臘文寫的，這對基督教在羅馬帝國的傳播，有很大的幫助。同時，為了應付教會內部神學的爭議，許多的神學作品都以希臘文寫成，這對基督教基本教義的確立，有極大的貢獻。

其次，希臘哲學對基督教信仰的傳播，也扮演了重要的角色。早期教父常把希臘哲學視為基督教信仰的「啟蒙師傅」或「開路先鋒」。例如柏拉圖哲學的永恆概念及對真理的認知，對介紹基督教信仰有很大的幫助；而斯多亞學派的倫理觀，也與基督教有相通之處。也有學者指出，基督教之所以能和希臘哲學特別親切，是因為一方面，沒有其他文化像希臘文化一樣，能提供一個有關人的特質及人性的哲學；另一方面，也沒有那個宗教像基督教一樣，有「道成肉身」

的教義 。

　　過去很多人指出希臘人和希伯來人的世界觀是全然相反的，但如今大多數學者同意，這些差異是被誇大了。許多被認為是希伯來思想的特異之處，其實在希臘思想中也有。反之亦然。因此，固然差異仍有，但是沒有想像中那麼大。

## 2. 羅馬文化對基督教的影響

　　當基督教在羅馬帝國與希臘羅馬文化會通時，正如有些學者所指出的，基督教由希臘吸取了她們精確的觀念及清晰的語言，將之用於教義的說明上。基督教也由羅馬擷取了法律及政府組織的概念，藉此建立了教會嚴密的組織結構。但是其宗教及靈性方面的核心思想，卻全然是來自希伯來的宗教。

### (1) 教會組織

　　的確，羅馬文化對基督教的影響，比較明顯的是在教會的組織及運作上的。譬如說羅馬帝國是以城市為中心的政治体系，教會亦然。羅馬帝國逐漸地由比較有自主權的「城邦政治」，轉為中央集權的政治形態。基督教的教會也是先由自主性較高的地方性教會，漸漸演變為以羅馬教皇為首的中央集權式教會体系。而各地主教們教區的分劃，也是依據羅馬帝國的行政組織系統，兩者平行並列。

　　這種層次分明，結構嚴密的宗教組織，在其他宗教裏是少見的，甚至可能是基督教獨有的。相對的，中國佛教即使是在最高峰時期，也從未發展出類似的組織來。基督教的這種組織，在君士坦丁歸信基督教之前，就已發展得略具雛形。但在第四世紀之後，便加速定型下來。這種教會組織結

構，在西羅馬帝國滅亡後，曾發揮極大的作用。當羅馬帝國解體，群龍無首時，各省市的主教們可以立刻代替行政官員執行安民撫卹的工作。因此，自第六世紀開始，有一千年之久，羅馬教廷幾乎扮演了西羅馬帝國實際統治者的角色。

這種教會組織固然在基督教信仰的傳播上，起過重大的作用，但是也帶來不少後遺症。首先，這種集權式的組織，必然導致濫權和腐敗，即便在教會之內也是如此。因為教會也是由一些有「罪性」的人組成的，與世人沒有兩樣。唯一不同的是，這些基督徒是「蒙恩的罪人」，他們深知自己的軟弱，也深知罪性之深重，故而不敢自恃自傲，錯誤或可減少。自從羅馬教廷越來越視自己為「神的代言人」，甚至發展出「教皇無誤論」的觀點後，腐敗的傾向已是無可避免了。教會的腐敗，引發了改革的呼聲，這就是十六世紀宗教改革的原因。

其次，組織化也容易造成「僵化」的現象。教會不僅是一個「組織」(Organization)，也應該是「生命體」(Organism)。生命體是有機體，不是沒有生命的架構或物質；是能生長的，而非定型不變的個體；是動態的，而非靜態的。基督教在第五世紀後，有逐漸僵化失去活力的傾向。幸而後來風起雲湧的「修道院運動」，才發揮了再造的功能，使教會再度生機蓬勃。許多修道院和修會（如方濟會和道明會）的創立，都是自發性的，並非由教廷設立的。還有一些修道院的改革運動（例如「克呂尼運動」），也是由平信徒發起的。雖然這些修道院或修會最後也都得到教廷的認可，但那也只是教廷順水推舟之舉而已。其實，這些都可視為一種「體制內的改革」。至於馬丁路德及加爾文所領導的「宗教改革」則

算是一種「體制外的改革」。

## (2) 教會信條

羅馬文化的另一個特色是她的法治精神，因此羅馬的思維方式比較偏重條理性，其應用則偏重在法律及政治演說上。這對基督教的直接影響是，在第四世紀的「尼西亞會議」之後，產生了許多「信條」(Creed)。這些信條或「信經」，對教義的辯明上，的確有撥雲見日之效；對教會內部的異端，也產生了辨別之功。這都是羅馬文化之賜。

所以，在基督教發展的初期，極為重視教義之教導，最早的基督教學校稱為「學道班」(Catechumental School)，後來又發展出以問答式教學法為主的「教義學校」(Catechetical School)，都是偏重信條的傳授。直到今日，天主教和一些基督教宗派，在信徒受洗前，仍需先上此種課程。當然這種偏重教條教規的方法，也有可能失去平衡，會產生一些「偽信徒」，就是那些雖然已受洗，卻可能只能在理性上認同教義，但在生活上卻無法表現出基督徒的樣式，在靈性上也無法感受到神的同在的人。但是這種「學道班」的課程，對初期教會的發展，的確卻發揮了重要的「品質管制」功能。因此，它的價值是不容抹殺的。

所以從一個角度來說，希臘文化使基督教「神學化」，促使基督教的思想更深刻、更邏輯化；羅馬文化則使基督教「教條化」，注重生活的規範及教義的灌輸。但基督教信仰的精髓，卻是來自希伯來宗教的「個人化」，也就是人神之間的獨特關係。只有在這種關係上，人才可能感受到神的超然聖潔，及人的罪孽深重，從而體會到神的赦罪之恩。因此，基督教不是講思想或智慧的宗教，也不是講教條或戒律

的宗教，而是講人神關係的宗教。

## (3) 教會的儀式及藝術

羅馬帝國在征服希臘帝國之後，也吸收了許多希臘的宗教、藝術、文學及建築，從之發展出優美的拉丁文明來。基督教也從這些希臘羅馬文化繼承了許多東西：例如異教徒的袈裟、法衣、聖水、聖壇前的蠟燭、節日，古希臘式的會堂建築，拉丁式的音樂、詩歌等等。基督教並不排斥這些文化表層的東西，反而將這些東西融攝而成基督教的儀式和藝術，然後藉此表達基督教的宗教情操和意境。不容否認的是，希臘羅馬的文明，的確使基督教在儀式和藝術表達上更加豐富。到中世紀後期，基督教本身的藝術，更發展到極高的水平，成為今日文明的瑰寶。

同樣地，這些宗教儀式和藝術固然都有其獨特的價值，但是也有喧賓奪主的危險。天主教和希臘東正教後來發展出許多繁文縟節的儀式、富麗堂皇的建築和裝飾，以及衣彩繽紛的服裝，都使原來極為樸實的基督教大為走樣。因此，中世紀許多的修道院及僧侶，都以非常簡樸的形態出現，就是一種「反璞歸真」的表現。宗教改革之後，許多新興的基督教教派，也都改採較為樸實的建築，簡化的儀式，並廢除某些節日，這也都是經過反思之後的行動。

除了上述三方面之外，羅馬文化對基督教的影響還有教育方面。羅馬人將希臘的人文教育簡化為七個基本科目，這些科目後來成為西方人文教育的核心課程。甚至在中世紀，教會獨力承擔教育的重任時，這七學科依舊是基本科目。但是這對基督教的影響是間接的，因此不在此詳細討論。

# 第四節 結論與評估

與印度佛教在中國的發展來比較，發源於猶太地的基督教，能在擁有高度文明的羅馬帝國內迅速傳播，更是文化交流史上的異數。因為基督教在開頭的三百年間，可以說是歷經各樣的逼迫，不像佛教在中國幾乎沒有遭遇太大的阻力。即便佛教史上幾次的「教難」，其受逼迫的程度，也無法與基督教在羅馬帝國所遭受的血腥鎮壓相提並論。但是基督教卻在殉道者之血的澆灌下成長，遍及羅馬帝國的每個角落。

值得注意的是：基督教在羅馬帝國傳播的時候，借用了希臘的語文、詞彙和思想，來表達希伯來的宗教思想，卻沒有與希臘哲學摻雜、妥協或綜攝(Syncretism)的跡象。這一點與佛教在中國的發展，是截然不同的。究其原因，我個人認為大概有兩方面：一個是詞彙和語言問題，另一個是思想的融會問題。

第一，在詞彙方面，佛教最初在中國的傳揚，語言的困難很大。有些詞彙採用音譯，以致語意曖昧不明；也有的是借用道家詞彙，導致佛道不分，造成混淆。基督教在初期的傳播，則困難較少。一來，《新約》聖經及大部份神學作品，都是直接用希臘文寫成，沒有翻譯上的困擾。二來，《舊約》聖經早在公元前二百年就已譯好，並廣泛流傳於羅馬帝國之內，因而許多特殊詞彙早已耳熟能詳，不需另行借用希臘哲學用語。只有少數關鍵性詞彙，如「道」(Logos)，才須借用，因此與希臘哲學產生混淆或參雜的機會較少。

其次，在思想的融會方面，佛教在中國也比基督教在歐洲所面臨的問題大得多。因為印度佛教在傳入中國以前，就

已有大小乘之分，而且宗派林立，基本教義差異極大。相對的，中國本身卻有思想縝密而且根深蒂固的儒道思想。在此情況之下，佛教必須找到適當的「切入點」，因此凡不適合中國民情習性的宗派，自然很快就消失無蹤，其他各宗派也在儒道兩教的強大壓力下，被迫有所妥協與修正，最後形成所謂「具有中國特色的佛教」。

基督教卻不然。因為基督教本身雖屢經異端的挑戰，但是基本教義很快就被釐清然後確立，異端也很快就勢微了。相對的，當時的希臘哲學則五花八門，沒有一個獨領風騷的思想可與基督教抗衡，因此，基督教在各希臘學派之間反而容易左右逢源、各取所需。所以基督教在與希臘文化會通的過程中，不僅一直保持原有的特色與教義，而且能吸收希臘哲學的精華。這種拒絕妥協、參雜或綜攝的立場，也是基督教與其他文化會通時的基本態度。因此，兩千年來，基督教在世界各國，雖外表形態和儀式有不同的特色，但在基本教義上，卻沒有太大的差異〔當然少數「異端」另當別論〕。

---

1  莊祖鯤：《宣教歷史》，基督使者協會，2004 年。
2  威爾杜蘭(Will Durant)：《世界文明史：基督時代》，台北幼獅書店，1973 年，162 頁。
3  同上，161 頁。
4  Louis J. Luzbetak, *The Church and Culture,* P.86.
5  R. Grant, *Early Christianity and Society,* Harper & Row, 1977, p.88.
6  同上，239 頁。
7  同上，243 頁。
8  同上。

[9] 滕慕理：《新約綜覽》，香港宣道書局，1976年，67頁。

[10] 同上，72-74頁。

[11] *Early Christianity and Society,* p.11.

[12] 《世界文明史：基督時代》，249頁。

[13] David J. Boscj, *Transforming Mission,* 1991, p.193.

[14] 《世界文明史：基督時代》，319頁。

[15] 同上，320頁。

[16] 祁伯爾：《歷史的軌跡：二千年教會史》，李林靜芝譯，校園，1986年，28頁。

[17] 《世界文明史：基督時代》，324頁。

[18] 《歷史的軌跡：二千年教會史》，52-53頁。

[19] 《世界文明史：基督時代》，263頁。

[20] 引用自 Edward Gibbon, "The Rise of Christianity and Decline of the Roman Empire", in *Issues In Western Civilization:* Vol. 1 (ed. Leon Apt. Boston: Hollbrook Press, 1974), p.219-232.

[21] 《世界文明史：基督時代》，340頁。

[22] 同上，337頁。

[23] 同上，338-40頁。

[24] 《歷史的軌跡：二千年教會史》，65頁。

[25] Eugene Nida, *Message and Mission,* Pasadena CA: William Carey Lib., 1990, p.166.

[26] *Church and Culture,* P.90.

[27] 《歷史的軌跡：二千年教會史》，86頁。

# 第三章
# 佛教與中國文化之會通

　　印度佛教與中國文化的會通，是另一個外來宗教與原有本土文明交流融合成功的範例。中國以往與外來文化接觸，印度佛教當然要算是最重要的。佛教是在西漢末年傳入中國的，之後和中國固有的傳統思想—主要是儒家的思想及道家的思想，還有原有的傳統宗教，相接觸、鬥爭、融合。這不僅導致佛教本身的改造、變化、和發展，從而形成了獨具特質的中國佛教。另一方面，也對中國文化產生了「催化作用」，促使中國人的人生觀、思維方式，以致於文學、藝術都發生重大的變化。

　　然而，當我們在探討佛教思想與中國文化的會通與轉化時，我們必須從歷史、文化溝通等不同的角度同時來思考。而且我們所關注的，不僅是文化會通的「過程」，我們也關心其「內容」，也就是經過交流與轉化之後，所形成的「新民族性」。因為文化溝通的過程，可以作為以後討論中國文化與西方文化（特別是基督教思想）交流時的借鏡；而文化交流後所產生的結果（譬如佛教思想對中國民族性的影響），更是探討中國文化的更新時，必須思考的問題。

## 第一節　佛教在中國的傳播

### 1. 漢朝時代：

　　佛教傳入中國，究竟始於何時，史家眾說紛紜。譬如說，西漢哀帝元壽元年（公元前二年），便傳說有博士弟子從月氏國使臣口授佛經[1]。然而近代大多數學者都認為，佛

教正式傳入中國，應該是在東漢明帝永平年間（公元58－75年）[2]。相傳明帝因夢見佛陀而派人到西域求佛法，在月氏國（即今新疆伊犁河上游一帶）遇見印度僧人迦葉摩騰和竺法蘭，於是邀他們回洛陽，並用白馬馱著許多佛經帶回中國。永平十一年，明帝為兩位印度僧人在洛陽建造了中國第一座佛寺，稱為白馬寺。這兩位僧人曾翻譯了一部份佛經，即今現存的《四十二章經》。但據近代學者考證，現存的《四十二章經》並非出於漢人手筆[3]。

然而由史料來看，後漢桓帝年間（公元158至166年），楚王劉英，崇奉黃老與浮屠（即佛陀）之教，桓帝宮中亦建有黃老及浮屠之寺。到了後漢獻帝之世，又有笮融建佛堂，並率眾修持頌經法會。以此可見，佛教傳入中國，有信史可查至遲是在後漢桓帝時代。其實，佛教傳入中國乃是漸進的，可能早在秦始皇時代，藉著往來於西域的商人，直接或間接地帶來了一些佛教的事物。至於中國人信仰佛教，大概是到後漢時代才開始[4]。

漢朝末年傳入中國的佛教主要有兩個系統[5]：一個是安息國（在今伊郎境內）系統，另一個是月氏國系統。這些外國僧人的姓氏，均係中國人依據他們祖國的國名而安上去的。因此，安息國的人姓安，大月氏（音「支」）的人姓支，天竺（印度）的人姓竺，，康居國的人姓康。至於初期的中國僧人，也隨西域來華的僧人而姓。直到晉朝中國佛教大師道安（公元312－385年）之時，才將中國僧尼姓氏，統一為姓「釋」。

安息系統是小乘學派，以安世高為代表。安世高是安息國太子，在後漢桓帝時到洛陽，在二十多年內，譯出三十餘

部小乘「一切有部」的佛經。月氏系統是大乘學派，以支婁迦讖為代表，他與安世高同時期到洛陽，他也譯出十三部十七卷佛經，主要是大乘中觀學派的經典，尤其是《般若經》最受注意。他們是中國初期佛教的兩大譯經師，對佛教的發展奠定了基礎。

## 2. 三國時代（公元 221 － 265 年）：

在魏、吳、蜀三國鼎立的時代，佛教在中國有了進一步的發展，尤其是在北方的魏國及南方的吳國，有關蜀國的佛教史料則很少。由於曹魏建都於洛陽，所以魏國佛教可以說是漢代佛教的延續。在這個時期，仍有不少印度和西域僧人來華，從事佛經的翻譯工作。其中最著名的是曇柯迦羅及康僧會。

印度僧人曇柯迦羅是在魏廢帝嘉平二年（公元250年）到洛陽，譯出《僧祇戒心》，又請印度僧人擔任戒師，依戒律規定為中國信徒受戒。這是中國佛教有戒律和受戒之始。當時受戒的有朱士行等人，而朱士行即為中國佛教史上第一個和尚，也是第一個到西域取經的漢人，只可惜客死於于闐國（今新疆和田）[6]。

康僧會則祖籍西域，但出生於交阯（越南），他在吳國赤烏十年（公元247年)到吳國都城建業（今南京）。孫權為他建佛寺，號為建初寺。此為南方有佛寺之始。另一位著名的人物是支謙居士，他祖父是歸化中國的大月氏人，他自己則生於中國，因此精通六國語文，是著名的譯經大師。他在漢末由魏國避難至吳國，被孫權禮聘為博士，潛心譯經，譯出《阿彌陀經》、《維摩經》等佛經共四十卷。他們的譯

文典雅，而且能準確地表達出佛教思想的要義，對佛教在中國的傳播，貢獻很大。

　　三國時代只有五十多年，從佛教的發展來說，尚屬啟蒙階段，因此在思想的建樹上，可述者不多。但值得注意的是，當時許多文人崇尚清談之風，有名的竹林七賢，就是那個時代的人物。他們放浪形骸、隱遁山林，批判禮法不遺餘地，又縱論老莊之學。當時儒家的地位極為沒落，道德淪喪、風紀敗壞，莫此為甚。由於在亂世生活太痛苦，因此人們興起出世的願望。佛教於此時傳入中國時機上可算是「趁虛而入」，恰逢其時。然而，正如現代儒家學者韋政通指出，這也是後來的一千多年中，中國文化始終未能脫離出世傾向，甚至日趨衰危的主因 [7]。

## 3. 西晉、東晉時代（公元 265 － 420 年）：

　　西晉時的佛教活動，仍以譯經為主。其中最傑出的譯經師是竺法護。他長居在敦煌，並曾隨師周遊西域，通曉西域三十六種語言。他曾譯出《般若》《法華》、《華嚴》、《涅槃》等經，共約一百五十多部、三百餘卷經典。對佛教文化的貢獻極大，因此被尊稱為「敦煌菩薩」。

　　東晉時期中國分為南北兩個區域，南方為東晉所統治，北方則是由匈奴、鮮卑、羯、氐、羌等族所建立的十六國所管轄。這些北方的統治者，多數來自西域，同時他們也想利用佛教來鞏固其政權，並與以儒道為主流思想的漢族相抗衡，因此，他們往往大力支持佛教的發展。其中後趙（公元319 － 352）的石勒、石虎，前秦（公元351 － 394）的符堅等人，更是提倡佛教不遺餘力。因此，佛教在中國北方開

始盛傳。

此段時間，正是儒家勢力衰微，而神仙方術的庸俗信仰與老莊思想勃興的時代，人們對「怪力亂神」的事大感興趣。佛教是外來的宗教，它在此時大盛，也與此有關。日本當代佛教思想史權威柳田聖山認為，佛教之所以能強烈地吸引中國人的興趣，恐怕不純然是教理的理解問題，而與人們希望長生不老，喜歡探究超自然的能力有直接的關連[8]。佛教首先即以此通俗信仰的型態，生根於中國社會之間的。

在佛教傳入中國的初期，大半的高僧都是以譯經為主，但也有不少是屬於「神通類」的高僧。佛圖澄即為其中最出名，影響也最大的一位。佛圖澄是龜茲人，他未曾帶一卷經典來華，未曾譯過一句經文，卻以神異稱譽一時。他的受業弟子幾達萬人，又有釋道安等高徒。因此，他可以算是中國佛教的奠基者之一。

佛圖澄於西晉末年到中國，被鮮卑族的石勒、石虎父子招迎。後來他就以石氏父子為中心，在華北教化百姓。他的神異據說是包括各類神通，諸如天眼通、天耳通、他心通等，他也以這些神異來化解胡人野蠻的習俗，來推廣佛陀的慈悲教誨。因此，外來的佛教能立足於中國社會，在很多方面，都有賴佛圖澄的神異能力。

道安（公元312－385）是佛圖澄最著名的弟子，也是中國佛教史上第一位大思想家。他不通梵文，卻寫了不少佛經的注釋書。他還編集譯經目錄，為僧尼制訂行儀，統一僧尼姓氏，使佛教完成組織化的教團。對佛教的發展，貢獻很大。道安的弟子很多，但以廬山的慧遠（公元334－417）

最著名，他成立教團於江西廬山中，是東晉的佛學中心。

東晉之世，除了道安及慧遠，還有法顯及鳩摩羅什（公元344－413）最為著名。法顯西行求法，對中國文化有大貢獻。鳩摩羅什則是龜茲人（今新疆庫車），被前秦符堅迎來中國。他在十二年間，譯出了七十四部、三百八十四卷佛經，其中包括《般若經》、《維摩經》、《無量壽經》、《大智度論》等重要經典。直至今日，許多佛經誦本，仍採用鳩摩羅什的譯本。他的弟子中，有號稱「關內四聖」的僧肇、僧叡、道生和道融四位傑出的弟子。

在這個時期，儒家的地位，隨著漢朝的覆亡及三國鼎立的政治現實，而逐漸消退了。相對的，人們對老莊哲學則日漸感到興趣。當時的知識份子，崇尚玄學與清談。他們表面上仍是走傳統儒學的路向，但卻以儒家一向少加留意的「易經」為起點，以老莊哲學為根基，熱烈地討論形而上的「虛無」問題。因此，人們把大乘佛教的「空」，作為玄學的「虛無」一類東西來理解，也是極為自然的趨向。這種據老莊的「虛無」，來理解般若的「空」之方法，一般稱為「格義」，也就是一種比較哲學。

在這個時代的僧人，也喜歡用「格義」的方法來介紹佛教思想。如竺法雅曾以儒家的「五常」來類比佛教的「五戒」。但是道安卻極力反對用格義的方法，因為這會使佛教被消融到玄學裏去。因為比較哲學的立場總是這樣的：當我們處理兩種思想的異同問題時，很容易便趨向同質方面的統一，而不大理會異質方面的區分。所以後代的佛教學者，大多反對用格義的方法。

## 4. 南北朝時代（公元420－580年）：

東晉滅亡之後，繼之而起的王朝，在南方有宋、齊、梁、陳。在北方，則先由魏統一五胡，然後再分裂為東西兩半。東魏之後為北齊，西魏之後為北周，最後才由隋統一南北。前後共歷一百六十年。

這個時期的佛教，由於地域的分裂而產生南北兩種傳統，有「南義」、「北禪」的各自特點。南朝佛教繼承東晉佛教的傳統，偏尚玄談「義理」。史謂「江東佛法，弘重義門」、「佛化雖隆，多游辯慧」，反映了這個特點。當時「涅槃」、「成實」、「三論」等學說都十分流行，關於涅槃與佛性，頓悟與漸悟等問題，也辯論得很激烈。同時，佛教界和知識份子間，也因為「因果報應」和「神滅論」等理論問題展開了爭論，其規模之大和論戰之激烈，在中國古代思想上是罕見的 [9]。

南朝的帝王，多信佛教並予以保護，特別是梁武帝（公元464－549）對佛教的重視和尊崇更是空前絕後的。他曾宣佈佛教為國教，不但花費大量錢財建佛寺、佛像，舉辦法會，還有三次捨身到佛寺為奴，然後再由群臣以億萬錢奉贖回宮，從而充實了寺廟經濟。

北魏鮮卑族拓跋氏兼併北方諸國後，一方面盡力漢化，另一方面又利用外來的佛教來消除漢人的民族意識。所以自北魏建國者道武帝（公元371－409）起，北朝帝王也大都信奉佛教以收攬人心。雖然中間北魏太武帝及北周武帝曾有崇道毀佛運動發生，唯其毀佛時間，均不太長久，而且後代又往往很快恢復佛法，因此影響不大。總的來說，佛教在北朝統治者的扶持下，播範圍極為廣泛，並留下了許多偉大的

佛教石刻藝術。如龍門石窟,即其一例。

與南朝佛教相比,北朝佛教的特色是[10]:(一)重視「修禪」、「持戒」的宗教修行。與南朝的重義理、以玄解佛的風氣,大相逕庭。(二)偏重修寺造像,累積功德,追求今世及來世的利益。因此北朝修造寺廟、佛像數量之多,規模之大,都為南朝所不及。(三)北朝由於政教密切掛鉤,因此有「人王即是法王」、「皇帝即當今如來」等觀念。北魏僧人法果曾謂:「我非拜天子,乃是禮佛耳」。但在南朝,則有「沙門應否禮敬君王」之辯。道安的弟子慧遠就是第一位倡導「沙門不敬王者論」的人[11]。

在這個時期,由於西域及印度高僧的大量翻譯,中國佛經便漸漸多起來了。佛經在西域甚至印度,原本即因學派不同而有出入,到了中國,自亦難免有宗派的分張。此時北朝流行的有依大乘《阿毘曇心論》而成立的「毘曇宗」,有依大乘《十地論》及《攝大乘論》而有的「地論宗」和「攝論宗」。南朝則有依大乘《中論》、《百論》和《十二門論》而有的「三論宗」;依小乘《成實論》而有的「成實宗」;以及依大乘《涅槃經》而有的「涅槃宗」。

依據佛教的分類,「經」是佛陀為了適應不同根基的聽眾,所作不同角度的闡說開演。「論」則是佛陀弟子們依據各自的所學所證的心得而作成的。所以彼此立場的互有出入,乃是意料中事。但是在隋唐以前的中國佛教,僅有研究性的學統,尚無分河飲水的門派[12]。因此有人研究《地論》,同樣也研究其他經論,不自局限於一經、一論的範圍。

## 5. 隋唐時代（公元 581 － 906 年）：

中國佛教在東晉、南北朝時期開始從印度佛教中獨立發展起來，而在隋唐時期達到最高峰。事實上，直到隋唐時代，才有純中國的佛教宗派出現。而南北朝時代的各宗，除了極少數之外，都逐漸被新興的中國佛教宗派攝融，而失去了獨立的精神。

隋代雖然立國短暫，只有三十七年，但因為在政治上統一了南北，也促使佛教的南北兩大體系被綜合起來。南方佛教的思辯化，和北方佛教的實踐性，至此達到有機性的統一。

隋文帝自登基之後，就改變了北周武帝滅佛的政策，而以提倡佛教作為鞏固其政權的方針之一。他甚至設立僧官以管理僧尼的事物。隋煬帝也篤信佛教，他曾尊稱智顗為「智者大師」，對智顗創建「天台宗」提供不少助力。由於隋朝統治者扶持佛教的政策，使寺院的經濟得到進一步的發展。然而也因此在隋末的農民戰爭中，僧侶地主與世俗地主一樣，都成為農民起義軍打擊的對象。

唐代初期也十分支持佛教。唐太宗（公元 599 － 649）很重視佛經的翻譯工作，特別為自印度取經歸國的玄奘建立了大規模的譯場。他也下詔在全國各廣建佛寺，以悼念陣亡將士，安撫人心。由於唐太宗對各宗教都採寬容政策，因此景教（基督教）、摩尼教以及波斯祆教，都於此時經由西域傳入中國。

後來武則天更是崇佛信經。她一方面利用僧人懷義等所偽造的《大雲經》和《寶雨經》為自己的篡權稱帝辯護，自

謂係得到佛的「授記」(預言)。但是另一方面,她也贊助《華嚴經》的翻譯工作,並支持法藏創立了「華嚴宗」。

中興唐室的唐玄宗開始限制佛教的發展,但並未放棄對佛教的利用。然而由於寺院經濟的過度發展,與國家經濟利益的矛盾日益尖銳化,終於導致唐武宗會昌五年(公元845年)的「滅佛運動」。這是一次對佛教空前沉重的打擊,絕大多數佛教宗派從此一蹶不振,所以是佛教在中國發展鼎盛時期的結束。因此,唐武宗滅佛的前因後果,是值得詳加分析的。

依據日本和尚圓仁所撰的《入唐求法巡禮行記》所載,武宗滅佛的主因是佛道之爭。其實佛道之爭,由來以久。早在兩晉時代,就為了究竟是達摩(禪宗之祖)係老子的重生,抑或是老子乃佛陀之弟子,佛道人士起了爭執。後來道教人士更以三個理由排斥佛教:

(一)佛教不適合中國國情及生活。

(二)道教比佛教根本。

(三)靈魂的死滅(即「神滅說」)否定了輪迴理論[13]。

結果佛道兩教人士都為了要證實自己的論點,不惜偽造典籍,互相攻擊。等到他們爭吵到難以忍受時,公元574年北周武帝便下令兩教的兩萬僧侶還俗。在唐代,佛道兩方為要爭取皇帝的青睞,也常常互相攻訐。所以唐初佛、道兩教勢力互有消長,有的皇帝重佛輕道,有的則重道輕佛。

唐武宗篤信道教,而且他認為佛、道不能並存,所以他千方百計地利用道教排斥佛教。加上他認為佛教破壞了儒家極力維護的君臣、父子、夫妻關係的準則。為了維護儒家的

正統地位，必須抵制佛教的發展。因此圓仁說：「今上（武宗）偏信道教，憎嫉佛法，不喜見僧，不欲聞三寶（佛、法、僧）。」

但是武宗滅佛的另一個重要因素乃是經濟因素。依據《新唐書‧食貨二》所記，當時有僧尼二十六萬五千人，良田數千萬頃。這樣多的土地、人口不為政府所有，當然會嚴重影響政府的稅收來源。所以《舊唐書‧武宗紀》說：「晉、宋、齊、梁，物力凋瘵，風俗澆詐，莫不由是而致也。」武宗對這個問題極為重視，這恐怕才是他滅佛的根本原因。

武宗滅佛並不是從會昌五年開始，也不只一次。事實上，自會昌二年起，武宗就接連下詔沒收寺院財產，勒令僧尼還俗，並嚴禁百姓供養佛徒。到了會昌五年，又開始了更大規模的滅佛運動。一方面下令五十歲以下僧尼全部還俗，五十歲以上而無祠部牒者，也盡勒還俗。以致於有二十六萬多僧尼被迫還俗，各寺最多留二十人，有的寺廟只准留三、五人。所有外國僧人也全數遣送回國。由於當時景教與摩尼教被視為佛教的一支，因此他們的僧侶也同時被遣返，導致景教的中斷。另一方面則大毀佛寺，共毀寺廟四千六百間。單單長安城內，就有三百多佛寺被拆毀，損失極大。而天下所毀佛寺之銅像、鐘磬，都委鹽鐵使鑄錢，鐵像用以鑄造農器。連士庶之家的金、銀、銅、鐵佛像，也限一個月內交官。

雖然會昌六年武宗就死了，繼位的宣宗立刻收回成命，但是對佛教造成的打擊已無法彌補了。因為在內亂頻仍中，民生凋敝，滅佛之後，寺院佛經和佛像的恢復不容易，因此

天台、唯識、華嚴等宗都衰弱了。獨有禪者，山邊林下，到處安身，過著專精、篤實的出家生活。因此，即便在武宗滅佛，各宗均遭摧殘幾盡之後，唯獨禪宗仍能藉山林而繁興不替。

隋唐時代是中國佛教最鼎盛的時期，高僧輩出，宗派林立，各擅勝場。由於政治統一，經濟繁榮，文化交流頻繁，加上唐朝初年，歌舞昇平，這都是促成佛教在此時蓬勃發展的原因。早期南北朝的諸學派，經過綜合及淘汰，逐漸發展成大乘八大宗派：天台宗、法相唯識宗、律宗、華嚴宗、密宗、淨土宗、三論宗和禪宗。

「天台宗」是住在天台山的智顗（公元 538 － 597）所創。天台宗以《法華經》為中心，佐以其他大乘經論，本著中國傳統的「大一統」思想，嘗試以「教判」（即宗教思想史批判學）的方法，將大小乘一切佛教，作了「矛盾的統一」[14]。智顗認為《法華經》包攝了一切佛教精意，因此天台宗是屬於「圓教」，即最深、最高的佛教。當然這種分類教判的方法，是見仁見智的，因諸宗各自站在自己崗位上，多少均含有褒、貶他的意味。柳田聖山認為，中國佛教是以接受神異的印度佛教為其開端，至天台宗的開創，乃真正成為中國知識份子的宗教[15]。

「三論宗」及「法相唯識宗」的理論基本上是延續印度大乘佛教的觀念，並非新創。唯識宗係玄奘所傳，思想嚴密，非有高深的哲學修養，無法窺其堂奧。因此很快就告衰弱了。「華嚴宗」係法藏（即普賢大師）所創，是另一個中國化的佛教宗派，曾盛極一時，但在武宗滅佛後，也和律宗、密宗、天台宗一樣，逐漸衰微了。因此，在武宗滅佛之

後，真正在中國的土地上能繼續發揚光大的，只有禪宗與淨土宗這兩個中國化的佛教宗派。

「淨土宗」是由梁武帝時的曇鸞（公元476－542）開始的，但到了唐朝，才由道綽（公元562－645）及善導（公元613－681）集其大成，並予以推廣至民間的。由於淨土的信仰，只要學會稱名念佛，便得信仰的受用，因此極受民間歡迎。即便在武宗滅佛之後，仍能保持聲勢不墜。

「禪宗」則相傳由印度僧人菩提達摩於梁武帝時傳入中國，但胡適力斥其非。由於「禪」（即瞑想）是印度瑜迦術的一部份，因此很早即傳入中國。但早期的禪經都是小乘禪，大乘禪經則遲至東晉才有。中國禪宗歷傳至五祖弘忍（公元602－675）才逐漸發揚光大。五祖之後分裂為南頓、北漸二派。北方的神秀（公元606－675）主張漸悟；南方的惠能（公元638－713）則主張頓悟。由於惠能的思想更契合中國文化的本質，所以廣受歡迎。因為禪宗是活潑、生動、簡樸、實在的一種信仰，所以它在中國，能盛行千年而不受政治及社會的影響。因此，禪宗也就逐漸演變為中國佛教的主流。

## 6. 五代及宋朝時代（公元 907 － 1280 年）：

唐朝經過二百九十年而亡，其下則為後梁、後唐、後晉、後漢及後周，約五十年間，合稱「五代」，然後就進入宋朝。五代時期，後周世宗又有一次「破佛運動」。然而宋太祖滅北周後，便又開始採取保護佛教的措施，並修建佛寺。中國的第一部雕版《大藏經》，共五千零四十八卷，就是在宋太宗太平興國八年（公元983年）刊行完竣。

　　後來，北宋徽宗曾強令佛教與道教合流，改寺院為道觀，給佛教沉重的打擊。但是不久佛教又恢復了元氣。宋室南遷之後，對佛教採取利用和限制的兩面手法。而與宋朝相抗衡的遼、金兩國，也都採取保護佛教的政策。遼國時期，以五台山為中心的華嚴宗最為興盛。金國時代最流行的是禪宗。西夏國也將全部《大藏經》翻譯成西夏文字。

　　但是總的來說，在這個時期，佛教已由高峰滑落。只是佛教在各個地區的興衰情況不一，各個宗派的起伏也不相同，充份表現出佛教各宗派在不同時代的不同特色。天台與華嚴兩宗，雖然曾有短暫的復甦，但是獨領風騷的還是禪宗。

　　這段期間，禪宗本身也起了很大的變化，不但由唐朝的五門（臨濟、曹洞、雲門、法眼和為仰），開展出七宗，而且開始有「語錄」的出現，稱為「公案」。本來禪宗是以「不立文字、直指本心」號召的，只是為了方便教化，禪師不免有開示的法語。只是這種所謂的「禪問答」，竟大量地被保存下來，而形成了禪師的「語錄」。中國佛教的資料，本來以漢譯的「經」、「律」、「論」三藏為中心，再予以訓詁和整理。禪語錄的出現，使學佛的方法完全改觀。

　　禪語錄的特色在於，它是第三者的筆錄，是禪師與弟子相互間禪問答的記錄。這充分發揮了《論語》等中國式思惟的特色。《論語》是孔子和他的弟子們的言行記錄。中國人以這部語錄，作為永遠的人文主義之典範，卻從未將之系統化為抽象的形而上學。而將這種思惟方式，推而致其極的，正是禪語錄。唐代以後的禪語錄，成為語錄文學的模範，也影響到宋代以後儒家語錄的形成。

其後，一部份的禪問答被稱為「公案」。北宋編輯而成的《景德傳燈錄》中就收集了一千多個公案，是當時最完備的禪宗書籍，也被收入《大藏經》中，與漢譯的經律論並列。這顯示出，禪宗已成為宋代佛教的代表。同時，由於在宋朝已有五山十剎一類的國立寺院，禪院的日常生活也趨於公式化。其中的禪問答（或稱「參公案」），也逐漸變成形式化的東西，開始明顯地知識化了[16]。

在此同一時期，清新的禪宗思想也摧化了儒家思想的再造，而形成了宋明的「理學」。有關宋明理學與佛教的相互影響，歷代論著很多，不需一一列舉。但確知的是：理學的大師周茂叔（公元1016－1073）、程明道（公元1032－1085）、程伊川（公元1032－1107），以至於朱熹（公元1130－1200），都或多或少地受到佛教的啟發或影響。但是他們一方面受佛教影響，卻又大力批判佛教；學禪又攻擊禪宗。因此有些佛教學者批評他們是「坐在禪床上罵禪」[17]。

當代的佛學大師印順對此有較公允的看法[18]。他指出，程朱等人在易、大學、中庸、孟子的思想基礎上，融攝了道學與佛學，特別是禪宗，發展為體系嚴密，內容充實的理學。儒家學者在這種風氣中，一方面不能不接受禪宗，但同時又抗拒它。抗拒的理由一來是基於民族情感，下意識地輕視印度佛教；二來是對禪者重「自了」與「出離」的人生態度無法苟同。因此這些新儒家乃從辨夷夏、重倫常的立場，來抨擊佛教。換句話說，是對禪宗的自私和遺棄人事的一種反彈。

## 7. 元、明、清朝（公元 1280 － 1911 年）：

　　元、明、清三朝，中國佛教的情況，可以說是每下愈況。元朝對各種宗教都持寬容的態度，但是最受重視的，還是西藏喇嘛教（密宗）。因為元世祖忽必烈篤信喇嘛教，奉西藏名僧為帝師。但對佛教的發展來說，可以算是有害無益。同時，自唐朝末年開始蓬勃發展的秘密宗教，也結合了佛道思想，以反抗蒙古人統治的旗號，深入民間。這種非道非佛的秘密宗教，造成佛教的混亂。迄今，這種深入中下層社會的秘密宗教，仍極為活躍。

　　明太祖原係僧侶，對佛教的護持應該是毫無疑問的。然而由於他出身秘密宗教之「明教」（係白蓮教、一貫道之前身，與摩尼教和彌勒教有關），深悉宗教力量龐大，乃再度以「既利用又限制」的兩面手法來對待佛教。他規定僧尼「或居山澤，或居常住，或游諸方，不干於民」。這使得僧尼的經濟只好建立在寺產和經懺上，而不能建立在廣大的信眾上，這造成佛教的沒落 [19]。同時他還曾露骨地表示：「釋道二教，自漢唐以來，通於民俗，難於盡廢，惟嚴其禁約，毋使滋蔓。」更使得佛教的發展，無形中受到許多的限制。

　　清朝基本上繼承了明朝的佛教政策。歷代皇帝對佛教既有保護和扶植，但也有些限制。大清會典的律令規定：「僧道不得沿門化緣，不得外出，婦女不得到寺廟進香禮拜。」等。乾隆皇帝更公開表示：「釋道是異端」，並希望佛道人士可漸次減少。在這樣的大環境下，佛教的衰頹，是在所難免的。

　　這個時期的中國佛教，已經縮減混雜成淨土一宗了。一般的說法是：「天華同信，禪淨雙修」。這就是說，大体而言，中國佛教徒在理念上，同時接受天台宗和華嚴宗的原

理。但在修持上，又會依照禪宗的傳統來坐禪，也依照淨土宗的習慣頌唸佛號。然而實際上，天台和華嚴的「一切即一」和「一即一切」的哲學，在中國佛教徒中，只有少數人明瞭。坐禪也退化為一種習常的靜坐方式，唯一表現某種虔誠的，就只是佛號的頌唸。但是對大多數人來說，連唸佛都變成純粹的形式，不再有任何意義與生命[20]。

## 第二節　佛教在中國本色化之過程與成果

當我們研究佛教如何在中國「本色化」(Indigenization)時，首先我們要探討的是其「過程」，也就是這源自印度的宗教，是如何逐步在中國文化中落地生根的。其次，我們要注意的是其「成果」，也就是由中國佛教的特色，來看中國文化在佛教思想中所留下的烙痕，並探討這具有中國特色的中國佛教，與原始印度佛教的差別。

### 1. 佛教在中國本色化的過程

佛教在中國傳播已有兩千年，要抽絲剝繭地追溯其傳教的手法及過程，並不容易，但是仍然可以看出一些蛛絲馬跡來。首先，慧皎（公元497－554）所撰的《高僧傳》十四卷，是了解中國初期佛教的重要基本文獻。此書收輯了自東漢至編者時代，有代表性的高僧259人的傳記。慧皎把他們分類為下列十種：

| | |
|---|---|
| 譯經（翻譯經典） | 35人 |
| 義解（研究教義） | 101人 |
| 神異（顯示超人的奇跡） | 20人 |
| 習禪（實踐瞑想） | 21人 |
| 明律（通曉戒律） | 12人 |

亡身（獻身殉道）　　　　11人
誦經（誦讀經典）　　　　21人
興福（致力於社會服務）　14人
經師（宗教音樂）　　　　12人
唱導（說教與傳道）　　　12人

　　由上述這些分類，我們可以看出，佛教在中國傳佈，所採用的幾種主要手段及方法：

## （一）譯經

　　首先可以看出，致力於經典翻譯及教義研究的高僧，佔總數的一大半。這是初期中國佛教的特色，因為印度佛教要為中國社會所接受，特別是得到上層知識份子的支持，翻譯與教義研究的專業化，乃是必需的。因此，「譯經」與「義解」的高僧，是中國佛教獨有的，印度佛教恐怕都是以「神異」與「習禪」的高僧為中堅份子[21]。中國佛教早期的高僧中，以譯經稱著的有竺法護、鳩摩羅什、支謙及唐朝的玄奘等人。他們翻譯的佛經數量又大，水平又高，對後期佛教在中國的傳播，貢獻極大。

　　佛教初來中國時，多係口傳，國人尚難解其真義，於是與當日流行的道教，彼此混雜。而且最初佛經翻譯所用的辭彙，也多借自道教。因此，早期的信眾，多未能將佛道二教分辨清楚，視為出自一門。湯用彤在《漢魏兩晉南北朝佛教史》中說：「佛教自西漢來華以後，經譯未廣，取法祠祀。其教旨清淨無為，省慾去奢，已與漢代黃老之學同氣。而浮屠（佛陀）作齋戒祭祀，方士亦有祠祀之方。佛言精靈不滅，道求仙卻死，相得益彰，轉相資益。」這正確地描述了佛教傳入中國初期的情形。

　　直到漢朝末年之後，佛教的翻譯漸漸增加，研究義理的高僧居士也越來越多，於是佛教本身的教義才逐漸顯明，才能從方術道士手下解放出來，而入於自立之途[22]。同時，這些譯經的高僧，很多不僅精通佛理，並且也深悟中國哲學，為時流所敬重。在漢末三國時代，佛教徒在知識份子中沒有甚麼地位。直到兩晉，名士僧人交遊的風氣才日盛。

　　還有一點值得注意的是：在佛經翻譯過程中，如果某些觀念與中國文化格格不入，就往往被刪掉或改編。例如「蓮花妙尼」的故事，在更古老的巴利文版本中，有女兒與父親結婚的情節，但是在中文版被刪掉了，沒有翻出來。還有宋朝的《高僧傳》中唐朝善無畏的故事，有一位觀音菩薩化身的「鎖骨娘娘」，她以色誘的方式來引人入教。這在後來的版本中也被改編了。另外著名的「目蓮救母」的故事，也是因為提倡孝道而被偽造出來。

## （二）神異

　　但是，在佛教傳入中國的初期，真正能吸引一般普羅大眾的，可能還是印度佛教的神通。因此，雖然在《高僧傳》中，被列在「神異」類的人數不多，影響卻更大。另外，有許多被歸類為其他類別的高僧，也都有一些神通。例如早期的譯經大師安世高，是位傳奇性人物。據說他熟諳天文五行、醫方異術，又能辨別鳥獸的聲音。雖然有點穿鑿附會，但也表示中國佛教徒非常看重神異的本領。可是在「神異」類的人物中，最有代表性的，可能還是五胡亂華時代的佛圖澄了。當時胡族的統治者，對佛教的哲理所知有限，但對神異的魅力，卻極有興趣。佛圖澄即以他的神通來教化百姓，使佛教在中國乃以一種新的通俗信仰，紮根於民間社會中[23]。

　　值得注意的是：漢代以來，中國的士大夫階級一向服膺孔子「不語怪力亂神」和「敬鬼神而遠之」的教訓。但是，東漢末年之後，直到魏、晉、南北朝時期，卻正是「怪力亂神」橫行的時代。所以佛教在此時以神通的魅力，吸引中國民族，進而在中國中下層社會紮根，是有一定的道理的。

　　當然，對學佛的人來說，神通是佛教思想中最深奧，但也是最初步、最通俗的東西。因為印度佛教的神通，乃是通過禪修的實踐，自然而然地得到的智慧。若是離開覺悟，這些神通便會有傾向種種怪誕的咒術的危險。因此，近代研究佛學的學者，大多對神通採取比較保守或輕視的態度。例如當代禪學大師聖嚴就說：「有神通並不就是開悟，甚至與悟境了不相干。」[24]

## （三）格義

　　然而，不容忽視的事實是：佛教之所以能深植於中國文化的土壤中，絕不僅是藉重神異的力量而已。而是自兩晉時代開始，僧侶與文人之間的交流與對談，不但使中國佛學進入一個新的階段，也使中國的哲學與藝術，也都漸漸染上了佛學的色彩。

　　魏晉時代，無論在學術研究上，在文藝創作上，以及在倫理道德上，都有一個共同的特徵，那便是「解放」與「自由」。這種特徵，有人稱之為「浪漫主義」[25]。浪漫主義是以熱烈的懷疑與破壞精神，推倒一切先前的制度、傳統道德，和綑縛人心的經典。用極放任自由的態度，發展自己的研究，尋找自己的歸宿，建立新的思想系統。正因為如此，玄學、文藝及宗教，都得到自由的發展。當時的士大夫，都

競尚虛無，談玄說理。而老莊周易之學，更是當時文人必讀的經典。同時，研究佛學的風氣，也是非常流行的。

在兩晉清談界的佛僧中，名望最大的是支道林。一時名流如謝安、王羲之、王洽等人，都樂於與他交遊。支道林的受時流推重，並非因當日佛法興隆之故。最重要的原因，是他精通佛理，又擅老莊，能夠將佛道二家之學調合發揮，益見精彩。由於他取得了領袖群倫的地位，對佛法的傳佈，自然頗有俾益。因此，使佛法同中國哲學發生關係，支道林是關鍵的人物[26]。

支道林以及當時的僧人，常以佛家所講的「空」，來釋明莊子「逍遙」的真義。相對的，他也用老莊之學，去解釋佛法，讓人容易了解。所以，慧遠引莊子以講「實相」義，竺法雅創「格義」之法，道安用「三玄」比附佛學，都是同樣的用心。

當然，這種以老莊的「無」，來理解般若的「空」之格義方法，容易造成對佛法中「空」的誤解。鳩摩羅什的弟子僧肇在其名著《肇論》中，就曾批判當時對般若的三種誤解。他指出，玄學尊「無」過於「有」，要以形而上的「無」為依歸，作為「有」的根據。但是《般若經》所謂的「非有非無」，全是因緣的意思，是超越單純的「有」「無」兩極端，以相對關係看萬事萬物的觀點。僧肇在批判了那些歧異的觀念後，也提出他自己對「般若」（即「智慧」）的理解，就是所謂的「不真空」。他認為，一切法非「實有」，而是「虛空」，這才是大乘佛教的基本立場。因此，僧肇被稱為對大乘「空」義理解的第一人。[27]

　　僧肇把般若與玄學結合起來，是中國佛教的最初嘗試。在《肇論》中，我們可以見到，印度式的涅槃與般若的內容，為老莊式的「無」所代替了；而老莊的「無」，也在印度式的瞑想下變了質[28]。換句話說，僧肇將佛教對「涅槃」的瞑想，置換為「物我同根、萬物一體」的瞑想。這顯然是老莊式的變質，但也因著這樣，印度式的涅槃之瞑想，就被吸收過來了[29]。他的佛教，有顯著的中國化色彩，那是無可置疑的。

　　同時，僧肇在他的《涅槃無名論》中，將老子的「無為而無不為，由無為還歸至為的世界」之觀念，擴大至「不見之見、不聞之聞、不知之知」。這是中國式的「無」之體用論，也就是說：主體性的「無」，由於是主體，故恆常不失；而且本體的無，亦常在「有」的世界中，表現其作用。這種「無的體用論」，是在印度佛教與中國思想從未出現過的獨特邏輯，卻成了中國佛教各宗的基礎[30]。

　　當然，這種「格義」（比較哲學）的方法，也有一些避免不了的問題。因為縱使老莊與佛教表面上有若干相似之處，兩者仍然是兩種不同的思想體系。可是通常一個外來思想傳入時，總是由於在本土固有思想中有些相似之處作引導，才容易引進來。迨至後來研究漸深漸清，自然會發現其實並不真正相同。或者說，先見其同，後見其異[31]。所以後來佛教學者都反對「格義」之法，想來是他們也發現這種「擬配」並不妥當。但是至少老莊思想對於佛教，的確扮演了引介的角色。

## （四）禪修

　　佛教在中國，尤其是在知識份子中間，禪宗是最受歡迎的一派，維持最久，傳播最廣，影響也最深。禪宗雖強調「不立文字」，然而反諷的是，在中國佛教諸宗之中，留下著作最多的也是禪宗。而且禪宗所引入及開創的諸般禪修之法，也是對中國知識份子極有吸引力的。

　　依據日本禪思想史權威忽滑谷快天的分析[32]，中國禪宗可分三個時期：從達摩到六祖惠能稱為「純禪時代」，惠能之後到唐末、五代稱為「禪機時代」，此後到宋朝叫「爛熟時代」。繼而式微，直到今世。

　　「純禪時代」的特色是：

　　1）不拘泥於經句，乃是活潑地掌握住佛教的精神所在；

　　2）以提攜全部佛法為著眼，而非企圖建立一宗一派的門庭；

　　3）有大乘濟世化眾的悲心，而非小乘禪者的厭世主義，也不是道家的閑雲野鶴般的自然主義；

　　4）鼓勵坐禪的工夫，不以神異為號召，也沒話頭可看或公案可參[33]。

　　禪宗六祖惠能是純禪的代表人物。他不主張空心靜坐，也不主張心外求佛。在《六祖壇經》中，惠能對「坐禪」的看法是：「心念不起名為坐，內見自性不動名為禪。」因此他反對有人坐禪時，教人看心觀靜，不動不起。同時，他重視開悟見性，不談論禪定解脫。換句話說，他重視智慧見地的開發，而不重視修禪定，來達成解脫生死苦惱的目的。

　　「禪機時代」是自惠能之後，以迄五代的末期，約二百五十年的期間。所謂「禪機」就是引用棒喝、機鋒等手段，

來幫助禪修者破除「我執」，以得到修禪的目的——即智慧的顯現。這些禪師們對弟子的啟發方式，不講基本的佛教理論，也不談戒定慧的原則，而是用直接用緊逼的方式，或揮拳、或腳踢、或用矛盾語、或用無意味語，來點破修行者的心理障礙，以達到悟的境地。這個時期，禪宗大師輩出，五家不同風格的宗派，也逐漸成型。這是佛教最有創意的時代，各種機用之法也十分引人入勝。因此，文人雅士多喜歡與禪師說禪論道，相互往還，留下不少佳話、典故。

唐末之後，中國禪宗已發展到熟透的地步。但是由於華嚴宗的圓融觀念，推動了禪淨一致、顯密同源的思潮。因此各種修持如持咒、念佛、禮佛、誦經、行道等，漸受重視，相對地反而偏輕了坐禪[34]。參禪者，只知依樣畫葫蘆似地模仿禪師的棒喝，真正的禪宗精神，已不多見。因此到了南宋時代，為了挽救時弊，乃有公案禪與默照禪的產生。

「公案禪」多用逼、用考、用口喝等工夫，把學生逼得走投無路，又非走不可。禪宗的臨濟宗，特擅此道。「默照禪」則多用鬆弛、用明晰，把妄想雜念，全部沉澱下去，使得心頭平靜如鏡、清明如月、沉寂如潭。因此心中默然不動，而又歷歷分明。曹洞宗的宏智正覺（公元 1091 － 1157）首倡此法。

公案禪與默照禪其實各有千秋，難分軒輊。但是南宋以後的禪師，多用參公案之法。所謂「參禪」二字，即從參公案的方法而來。也由於參公案係用「非理性思考法」來看問題，有時的確可以在思想已走進死胡同時，有撥雲見日的效果，而觸發新意。所以許多中國知識份子也對參禪頗有興趣。當然，有些人只是將參公案當作一種機智遊戲，以逗口舌

之快。以致於談公案的人越多，體悟禪機的人便越少[35]。但是無論如何，禪宗的思想及思惟方式，廣被中國知識份子所接受，更促使佛教成為中國知識份子的宗教。

由上述佛教傳入中國的過程來看，有許多值得深思的地方。首先，在文化交流的過程中，文字的功效是極大的。佛教在中國之所以能廣為流傳，大量佛經的翻譯，功不可沒。相對的，唐朝初年景教傳入中國，在經典的翻譯上，可以說乏善可陳，留下的中文經典，數量既少又語意含混。難怪在景教傳入中國兩百多年後，因為唐武宗滅佛的池魚之殃，景教就此煙消雲散，不知所終了。而近代基督教的傳播，一向是以聖經的翻譯為第一要務，如今已有兩千多種語文的譯本，是任何宗教所不及的，在基督福音的傳播上，是極大的助力。這是由歷史中所學習到的教訓。然而佛教今日要在其他國家廣傳，最大的障礙也就是佛經的翻譯了。如何將汗牛充棟的佛經翻譯為各國語言，幾乎是難以想像的事。因此，佛教如今要由亞洲傳向世界各地，譯經的問題將是一大難題。

其次，佛教思想與中國儒道思想的交流，是佛教在中國生根的主因。在交流的過程中，或許有激烈的爭辯，或許有穿鑿附會的類比，但是長久下來，終將會達到會通的效果。相反地，若是一個外來思想從未與本土文化有所交流，這種外來文化不是逐漸被湮沒了，就是被孤立在一個群體中了。前者就像是景教，後者就像中國的回教。景教在華兩百多年，卻從未留下片紙隻字，只有景教碑和敦煌石窟的景教經典被保存下來。似乎在中國知識份子間，景教在佛教的陰影下，從未引起注意。難怪景教最後是消失得無影無蹤了。回

教在中國則變成是少數民族的獨特宗教，因此也就沒有與儒
道兩家思想類比、融攝等類的探討。

　　最後，任何一種外來文化要被引入，是需要有適當的時
機，也要有適當的「切入點」。佛教傳入中國是在儒學最低
潮的時期，否則在儒學強大的勢力之下（例如西漢或明
清），佛教是很難立足的，更談不上發展。同時，佛教是由
西域經由中國北方進入中原的，當時中國北部大多是由非漢
族的夷狄之人所統治，因此對來自印度的佛教，比較不會排
斥。這些社會的、歷史的、政治的，以及哲學思想的因素，
都是不容忽視的。

## 2. 中國佛教的特色

　　佛教在中國傳播將近兩千年，其中為了迎合中國人的心
態及文化，自然會有許多調適之處。因此，所謂的「有中國
特色的佛教」，往往在某些方面，與原始的印度佛教大相逕
庭。張東蓀在分析中國佛教的特性時，提到三點[36]：

### （一）簡化

　　中國人喜歡簡化，不喜歡繁瑣；喜歡走捷徑，不喜歡按
步就班。印度佛教原來是極為繁瑣的，邏輯推理十分嚴謹。
玄奘所創的唯識宗，最能表現出這種特質來。但也因為太複
雜了，唯識宗在中國很快就消失了。而淨土宗和禪宗就是因
為簡單，合乎中國人的脾胃，遂致盛行。尤其是禪宗，更發
揮了中國人的創意，而有所謂「頓悟」之說。雖其根源並不
違背佛法本旨，但其發展卻不能不歸功於中國佛教徒的努
力。

　　中國人對佛法的簡化，不僅是在義理方面，亦在修證方

面。尤其禪宗把坐禪的方法簡化了，這也頗為符合中國人的性格。淨土宗更是只要學會唸佛，便可如願往生淨土，因此，信之者眾。今日中國的佛教徒，十之八、九都是信仰淨土宗的，良有以也。禪、淨二宗，也就成了東亞佛教獨有的宗派了。

但是當代佛教思想家印順法師則嚴厲地批判這種以唸佛為主的方法。他認為，成立於中國的淨土信仰，是一種不重視現世人間，而看重死後往生淨土的信仰。在修行上是屬「易行道」。但信徒誤以為少量的因地修行，即可獲得功德，乃是一種投機取巧的心理。因此「易行道」難於成佛，「難行道」反而容易成佛[37]。

## （二）包容

中國人的第二個特徵是喜歡包容，美之名曰「圓融」。最顯著的是所謂「判教」。在印度雖有大乘小乘之分，但並未像中國這樣判分，並由判分來表示包容。因此，天台宗的五時八教，華嚴宗的五教十宗，都是希圖把佛教內部各種學說，包容在一個大體系之下。然而，雖然華嚴天台都將自己列為最高等級的「圓教」，但至少還給予其他宗派一個適當的地位，以示寬容。

唐宋之後的佛教，更提倡「禪淨雙修」之說。早期中國佛教的禪淨二宗是涇渭分明的，因為要同時實踐坐禪與唸佛這兩種不同的瞑想，是不可能的[38]。直到今日，在日本的禪宗與淨土真宗，仍保持截然不同的修持方式，絕不混雜。但在中國，為了兼容並蓄，即使是看來南轅北轍的禪淨二宗，也開始合流了。當代禪學大師聖嚴解釋說：「禪者徹悟

後求生淨土，可免退墮；未悟的，以淨土爲歸宿，時時發願，這樣是安全的。此乃自力與他力並重兼顧的法門。」[39] 所以，「禪淨雙修」成為中國佛教的特色。

這種講求圓融的心態，還可以從歷代都有人提倡「三教同源」看出來。自南北朝時代開始，佛教已與儒道鼎足而三，彼此發生迎拒離合的關係。佛教史上幾次的「教難」，都是因佛教與儒道的衝突所引起的。但是逐漸地，佛儒道開始採取「和平共存」的政策[40]。道教教士顧歡（公元390－483）說：「道教與佛教經典彼此互補」。虔誠禮佛的梁武帝也堅持，起初三教的聖人都是同一人。因此，隨著時代的進展，「三教合一」的觀念深植於中國人的心中，以致於現在已很難分辨出誰是純正的佛教徒來。甚至可以說今天大多數的佛教徒，都是「神佛不分」的香火客[41]。

這種強調折衷融合的精神，固然避免了宗教衝突，但是也使佛教揉雜了許多外道成份，而失去了本來面目。因為在融合的過程中，很容易偏重同質性的統一，而忽視其相異之處。所以，雖然在融合各家學說時，希望能「去其糟粕，取其精華」，結果卻可能只得到糟粕，而所有的精華早以蕩然無存了。所以，印順法師在提到他的老師太虛大師時，曾說：「太虛大師長於圓融，…但總不免為圓融所累」[42]。這真是「一語中的」的話。

## （三）現實

張東蓀提到中國人注重現實人生，而不注重死後存在等超人生的事。儒家的思想，正有這個特質，而與印度超世的思想很不相同。宋明理學的興起，就是對佛教出世思想的反抗。朱熹曾說：「佛家一切皆空，吾儒一切皆實」，充分表

達出其根本的差異。但是唐宋之後的佛教，尤其禪宗，也漸漸地把出世色彩減淡，入世的氣氛增濃。

唐朝以來的禪宗，皆以祖師或佛祖來表示理想人格，以代替如來與菩薩。這是值得注意的，因為這代表禪與儒家透過相互的激蕩，所表現出來的人文主義色彩[43]。現今台灣印順法師所提倡的「人間佛教」，更是這種人文主義式的佛教，最清楚的表達[44]。

其實，更具體地表現出中國人這種注重現世的人生觀的，是中國人在燒香拜佛時，那種濃厚的功利主義心態。尤其在三教合一的潮流下，佛陀、菩薩與玉皇大帝並列，和關公、媽祖同祀。絕大多數人所要的，是能解救今日苦難的神明，管他是道、是佛、是何方神聖。至於涅槃與般若，恐怕只是少數人所追求的「終極關懷」。因此，「無事不登三寶殿」、「臨時抱佛腳」等俗語，也就充斥民間，十足表現出這種看重現世利益的心態來。

除了張東蓀之外，印順法師在論及中國佛教的特色時，也列舉了三個[45]：

1）理論的特色是「至圓」；
2）方法的特色是「至簡」；
3）修證的特色是「至頓」。

印順認為，在中國，信心深切的修學者，沒有不是急求成就的。所以「立地成佛」、「往生淨土」、「直指人心、見性成佛」等觀念，也就大大傳揚起來。而真正的大乘精神，在「至圓」、「至簡」、「至頓」的傳統思想下，是不可能發揚的。因此，大乘佛法普及了，而信行卻更低級了[46]。

他甚至認為，佛教的衰微，根本的原因乃是出在此思想的缺陷上[47]。換句話說，他認為佛教在中國，經過兩千年與中國文化的會通，所產生的中國本色化佛教，不但已偏離原初印度佛教之精意，而且導致佛教在中國由盛轉衰。印順的見解是與眾不同的，因為他「不為民族情感所拘蔽」，因此有人稱他為佛教思想的「革命家」[48]。

當然，中國特色的佛教究竟是否使佛教的原意喪失，可能是個見仁見智的問題。但是不可否認的是，本色化的佛教，的確有助於佛教在中國的傳播。只是我們必須考慮的是：在會通的過程中，是否會造成「綜攝現象」(syncretism)，以至於參雜不純？

## 第三節　佛教對中國文化的影響

經過兩千年的時間，佛教對中國文化的影響可以說既深且廣。但是要討論其影響的層面，則得從文化的表層及深層來看。文化的表層，也就是藝術、文學、風俗等層面，這是文化的表現，也是人人都看得見的部份。文化的深層，也就是由價值觀和信念所構成的人生觀與世界觀，這是內在的，也是不自覺的部份。我們將從這兩方面來探討佛教對中國文化之影響。

### 1. 佛教對中國表層文化之影響

從中國文化的表現來觀察，佛教的影子可以說隨處都有[49]。從文學來看，佛教帶來了形式及內容兩方面的變化。在形式方面，佛教直接或間接地促成了戲曲、律體詩、通俗小說、語錄等文體的產生。在內容方面，由於佛教的價值觀與人生觀之衝擊與影響，許多文學都有濃厚的佛教思想，甚至

是以佛教為主題。前者如《紅樓夢》，後者如《西遊記》。兩者都是膾炙人口的古典名著，可見其影響之大。然而，近代有些學者指出[50]，佛教文學在深層的宗教心理方面，與杜斯妥也夫斯基的《罪與罰》，或托爾斯泰的《復活》等基督教文學相比，所反映的深度還不夠。

其次，在雕塑方面。佛教傳入中國後，對中國原本水平很高的雕塑藝術，還是帶來極大的衝擊，也使得內容及技巧更為豐富[51]。這可以從敦煌、龍門、雲岡等地的佛像雕塑看出來。當然，印度的佛像雕塑藝術是來自希臘，是在希臘的亞歷山大大帝東征時，所造成的文化交流成果之一。所以中國乃因佛教的緣故，間接地引入了希臘的雕塑藝術。

在繪畫方面，佛教的影響也很大[52]。這不僅是在題材上，更是在繪畫技巧和觀念上。尤其是禪宗，帶來了所謂的「禪畫」，對唐宋以後的山水畫及人物畫，影響極大。譬如唐代詩人王維，被人稱讚是「詩中有畫，畫中有詩」，就是一例。這種畫風與強調寫實的「工筆畫」，是截然不同的。

最後，在風俗方面，中國的傳統習俗與佛教也因為交流相互影響。一方面造成一些中國佛教獨有的儀式和習俗，另一方面也強化或轉移了某些固有的中國民俗。譬如說佛教強調因果報應、輪迴轉世、西方淨土、餓鬼地獄和吃素唸佛等說法，某些習俗也就因應而生。由於中國人極注重孝道，因此為死去的父母誦經唸佛、超度亡魂，便成了中國佛教的特色，後來也傳到韓日兩國。嚴格說來，超度亡魂與佛教靠自力得救的觀念並不相合，然而為了適應中國的民情，也就只好從權了。

另一個明顯的例子是有關七月十五「盂蘭盆會」的習俗。這個習俗源自西晉時代竺法護所譯的《佛說盂蘭盆經》，是他將「目蓮救母」的故事引介到中國來。但是在原來經文中，目蓮（是佛陀的十大弟子之一）救母只是一個引線，主要是要強調供養僧眾之重要。但是在宋朝之後這習俗的重心有了轉移[53]，變成以超度祖先亡魂為主，並且焚燒紙錢、器物，甚至以食物供饗四處游蕩之孤魂野鬼（台灣民間稱之為「好兄弟」，以免冒犯）。這除了迎合中國孝道的傳統外，也與道教的「中元普度」相結合了。在日本，「盂蘭盆會」因與祖先崇拜結合，成為一年中最大、最重要的節慶之一。近代佛教學者也不諱言地指出，其實《佛說盂蘭盆經》中有許多是後人偽造的[54]。但唐代的宗密仍為此經作了註疏，藉此強調佛教的孝道，以提高佛教的地位。

可見佛教在中國本土化的苦心，甚至不惜以偽造經典為手段。這在基督教、猶太教及回教看來，是不可思議的褻瀆行為，但在佛教看來，這只是權宜之計，是無可厚非的。兩者基本態度的差異，乃在於對經典的態度不同。在基督教、猶太教及回教看來，聖經或可蘭經乃是一本完整的神聖經典，因此不可增減或偽造。然而對佛教而言，佛經乃是永無止境的智慧寶卷，至於它是佛陀本人的啟示或後人偽作，卻不關重要。因此，佛教在與其它文化會通時，比較容易採取從權的手段。

## 2. 佛教對中國深層文化的影響

所謂的「深層文化」也可稱為「世界觀」（Worldview），這是由信仰及價值觀等所構成，對人生、對宇宙以及對周遭所發生的各樣事物所持的觀點。從這個角度來看，中國人的

世界觀，在這兩千年來，可以說是深受儒、道、佛三教的影響。在此我們要特別探討佛教在其中所產生的衝擊與影響。

在論及佛教思想傳入中國之原因時，張東蓀曾提到儒家對天的態度。他認為，原始儒家把天推得遠些，但是漢朝之後的儒家則又把天拉近了，提倡「天人感應」之說，以至於讖緯大為流行。後來天人感應論破產後，老莊思想及佛教才應運而起、趁虛而入。因此秦漢時代，於亂世生靈塗炭之際，在儒家所不屑於說的「怪力亂神」部份，以及儒家所不知的「死」的部份，佛教都提供了一些相當具有說服力的理論，填補了中國人世界觀中原本所欠缺的空白，因而構成現今中國人世界觀的一部份。其中最明顯的，就是「輪迴」的觀念。

中國人早有鬼神的觀念，但是中國人對鬼神只講禍福，不講輪迴報應。把輪迴報應與鬼神連在一起的，是受了印度佛教之影響[55]。如今輪迴的觀念已深植於中國人的心中，所以一般中國人都有濃厚的宿命論色彩，這是受到佛教的影響所致，乃是不爭的事實。這種宿命論式的人生觀，容易導致消極、悲觀的心態，趨於守舊，少求突破。

事實上，也正是這種輪迴觀念，使印度世襲的階級制度，沿襲至今，無法剷除。因此，兩漢以後的中國社會，受災異讖緯及輪迴思想的影響，命運觀念一直是一股主要的支配力量。不論是個人或國家，到了面臨困境的時候，莫不歸之於「氣數」。這似乎是促使中國人流於消極自安的原因之一。

另一方面，佛教思想也會因與某些中國固有思想起了共鳴，以致於使那種思想被強化，更根深蒂固地存在中國人的

心中。譬如說，在知識論方面，儒家原本就有重直覺輕理智的傳統[56]，所以孟子提出「四端」之說，王陽明則倡「良知」，其實都是訴諸於直覺的道德判斷，對於理性的知識，則多少存著排斥的態度。佛教方面，尤其是禪宗，更有同樣的「反智」色彩及直覺傾向。例如禪宗強調「不立文字」「直指人心」，至於佛教所追求的「涅槃」則是「灰身滅智」的最高境界。所以，經過儒學與佛教的「相乘作用」，宋朝之後的中國知識份子，唯心論的色彩益形濃厚。宋儒陸王一系主張「心外無物」、「心外無理」，完全排除經驗知識。程朱一系雖也強調「格物致知」，但所追求的知識，乃是人生的絕對真理，而非科學知識。

　　第三，方立天曾指出，佛教的「心性論」是中國佛教理論的核心內容，也是與中國固有哲學思想旨趣最為契合之點[57]。佛教哲學思想主要是倡導「內在超越」的一種宗教，是重視人的主體性思維的宗教哲學，與同樣高揚內在超越及主體思維的儒、道思想是異曲同工的。儒家學者雖有多人排斥佛教，但對佛教的心性論，則多持肯定的態度。如唐朝的韓愈，宋朝的朱熹都曾從佛教的心性論得到啟發。因此陳寅恪曾說：「佛教於性理之學獨有深造，足救中國之缺失，而為常人所歡迎。佛教實有功於中國甚大。」[58]這種看法，也代表許多中國學者的見解。

　　值得注意的是：佛教的心性論究竟是原始印度佛教的理論？或是佛教傳入中國後才衍生的思想？這是近代佛教學者正爭辯不已的問題。佛教的心性論，是源自「眾生皆有佛性」的《佛性論》。但是《佛性論》這本重要的典籍，既無梵本，亦無藏本，出處存疑。而譯出時間大約在公元 557 至

569年之間 [59]，即南北朝末期。因此近代許多日本佛教學者強烈批判這種《佛性論》，宣稱它根本不是佛教思想 [60] 。我個人認為，合理的推論是：佛教的心性論並非來自印度佛教，而是中國的佛教大師們，為因應中國固有的人本思想，以極具創意的方式將印度佛學中的概念，與儒道思想結合而成的產物。這種心性論不但是中國佛教的特色，也的確對唐朝之後的中國哲學思想，發揮了很大的影響。

## 第四節　結論與評估

經過將近兩千年在中國的流傳，佛教已經在中國人的人生觀方面，起了重大的作用。劉小楓在《逍遙與拯救》[61]一書中，曾有鞭闢入理的討論。劉小楓從《紅樓夢》(原名《石頭記》)的敘事中指出，中國人所嚮往的，乃是老莊和禪宗式的「適性逍遙」，在這個超時空、超生死的境界中，人將變成無知識、無愛憎的石頭，對一切都無動於心[62]。這逍遙之境甚麼都好，唯一缺乏的只是真情、純情的溫暖和對苦難世界的關懷。

當然，有關西方文化中的「救贖」觀念，將在下文中另行討論，對劉小楓所提出的一連串問題，每個人或許也有不同的見解。但是大家至少都能同意，中國人的人生觀，的確是在追求那無所窒礙的逍遙之境。無論是陶淵明的「悠然見南山」，或是賈寶玉的「飄然而去」，或是金庸武俠小說中俠客的「悄然隱退」，都指向同一個方向。這種阻斷人對塵世的關懷，使個體心智進入一種清虛無礙的空靈之境的修為方式，固然是淵源於老莊思想，卻是由禪宗佛學完成的[63]。換句話說，禪宗大大推進了道家「適意逍遙」的精神，強化

了中國儒道精神中「自然本性」自足的立場。至此，中國人對人生的看法，經由儒釋道三家的融通，逐漸形成這種出世的性格。這可能是佛教對中國文化最大的影響之一。

---

[1] 《三國志，魏書》卷三十：《東夷傳》中裴松之所引的《魏略—西戎傳》。

[2] 李賓漢：《中國思想與宗教》，中國社會科學出版社，1995，153頁。

[3] 釋聖嚴：《比較宗教學》，台灣中華書局，1970，323頁。

[4] 同上，323頁。

[5] 魏承思：《中國佛教》，上海，三聯書店，1989，19頁。

[6] 李賓漢：《中國思想與宗教》，155頁。

[7] 韋政通：〈阮籍的時代和他的思想〉，《中國哲學思想論集》（項維新、劉福增 主編），台北牧童出版社，1976，298頁

[8] 柳田聖山：《中國禪思想史》，吳汝鈞譯，台灣商務印書館，1992，49頁。

[9] 李賓漢：《中國思想與宗教》，158－159頁。

[10] 任繼愈：《中國佛教史》第三卷，中國社會科學出生社，1993，42-43頁。

[11] 釋聖嚴：《比較宗教學》，325頁。

[12] 同上，328頁。

[13] 陳榮捷：《現代中國的宗教趨勢》，廖世德譯，台北文殊出版社，1987，226頁。

[14] 釋聖嚴：《比較宗教學》，329頁。

[15] 柳田聖山：《中國禪思想史》，107頁。

[16] 同上，181頁。

[17] 釋聖嚴：《比較宗教學》，339頁。

[18] 印順：〈中國的宗教興衰與儒家〉，《佛教與中國思想及社會》（張曼濤主編，台北大乘文化出版社），1978，194－96頁。

[19] 同上，198頁。

[20] 陳榮捷：《現代中國的教趨勢》，83－84頁。

21 柳田聖山：《中國禪思想史》，47頁。

22 韓復智：《中國通史論文選輯上》，台北雙葉書廊，1969，283頁。

23 柳田聖山：《中國禪思想史》，53－59頁。

24 聖嚴法師：《禪門解行》，林清玄編，台北圓神出版社，1991，16頁。

25 韓復智：《中國通史論文選輯上》，273頁。

26 同上，285頁。

27 柳田聖山：《中國禪思想史》，85頁。

28 同上，98頁。

29 同上，98頁。

30 同上，101頁。

31 張東蓀：〈中國哲學史上佛教思想之地位〉，《中國哲學思想論集·兩漢魏晉 隋唐篇》，項維新、劉福增主編，台北牧童出版社，1976，351頁。

32 聖嚴法師：《禪門解行》，14頁。

33 同上，17頁。

34 同上，39頁。

35 同上，46頁。

36 張東蓀：〈中國哲學史上佛教思想之地位〉，361－368頁。

37 印順：《淨土新論》，引自《當代佛教思想展望》，楊惠南著，台北東大圖書 公司，1991，214－215頁。

38 柳田聖山：《中國禪思想史》，109頁。

39 聖嚴法師：《禪門解行》，99－100頁。

40 陳榮捷：《現代中國的宗教趨勢》，227－29頁。

41 江燦騰：《台灣佛教文化的新動向》，台北東大圖書公司，1993，119頁。

42 楊惠南：《當代佛教思想展望》，119頁。

43 柳田聖山：《中國禪思想史》，169頁。

44 楊惠南：《當代佛教思想展望》，115頁。

45 印順：《契理契機之人間佛教》，台北正聞出版，1989，44－45頁。

[46] 同上，41頁。

[47] 楊惠南：《當代佛教思想展望》，121頁。

[48] 同上，125頁。

[49] 方立天：《中國佛教與傳統文化》，台北桂冠圖書公司，1990。

[50] 如台灣之江燦騰在《台灣佛教與現代社會》，與劉小楓在《逍遙與拯救》，都提到這一點。

[51] 方立天：《中國佛教與傳統文化》，333頁。

[52] 同上，357頁。

[53] 江燦騰：《臺灣佛教與現代社會》，165頁。

[54] 慧天：〈中國社會的佛教倫理形態〉，《佛教與中國思想及社會》，張曼濤主編。216頁。

[55] 張東蓀：〈中國哲學史上佛教思想之地位〉，358頁。

[56] 韋政通：《儒家與現代化》，台北水牛出版公司，1989，55頁。

[57] 方立天：〈心性論─佛教哲學與中國固有哲學的主要契合點〉，《中印佛學泛論》，台北東大圖書公司，1993，101頁。

[58] 同上，104頁。

[59] 釋恒清：〈《佛性論》的研究〉，《中印佛學泛論》，台北東大圖書公司，1993，45頁。

[60] 可參考侉谷憲昭：《本覺思想批判》，大藏出版社，1989。松本史朗：《緣起與空：如來藏思想批判》，大藏出版社，1989。

[61] 劉小楓：《逍遙與拯救》，台北風雲時代出版公司，1990。

[62] 同上，28頁。

[63] 同上，6－15頁。

# 第四章
## 宗教與文化更新

當我們正邁入二十一世紀之際，我們站在一個歷史重要的轉捩點。不僅中國文化面臨危機，事實上，全世界的文化都在進行全面的反省。因為我們所面對的挑戰，固然有些是我們中國社會獨有的問題〔譬如我們歷史和文化的包袱〕，但是還有很多問題是全球性的，例如都市化和工業化所造成的社會的、環保的、家庭的、教育的種種問題。

然而不容否認的是，由於時空和環境的因素，中國在這個關鍵性的時刻，感受到的「文化危機感」，似乎特別的沉重，也特別地緊急。因此文化問題是目前海內外中國知識份子共同關心的「熱門話題」。1980 年代，中國大陸有所謂的「文化熱」，許多人熱烈地討論中國文化的利弊得失及何去何從，其熱烈的程度，可能是五四運動以來所僅見。

因此，中國的知識份子，無論國內海外，從未像現在這樣同心協力地來全面展開對中國文化的思考與改革。再加上東亞經濟的發展，引起西方國家對以儒學為主體的東亞文化之關注與興趣。正如中國大陸學者湯一介所說的[1]，「中國文化更新已成為全球多元文化體系中，一個格外另人矚目的話題。」

今天中國社會，不容否認地，也正面臨極大的危機。我們的挑戰不僅是科技的、經濟的、政治的，其實我們最大的挑戰乃是文化層面的。因此，從一個新的、全方位的角度來探索「文化更新」這個問題，對我們深具意義，因為這是以往中國學者較少涉及的方法。我們期望能幫助當代的中國基

督徒知識份子，知道如何面對文化危機的挑戰，並以積極、正面的態度去回應。並在未來中國文化更新的使命上做出貢獻。

## 第一節　由宗教角度來思考文化更新問題

但是當談到「文化更新」的問題時，我們很容易馬上由哲學的角度來探索，很少人由宗教的角度來思考。北大哲學系的張志剛在〈當代宗教—文化研究的邏輯與問題〉一文中[2]，以文化歷史哲學家道森(Christopher Dawson)、神學家田立克(Paul Tillich)，和歷史學家湯因比(Arnold J. Toynbee)為例，指出宗教研究在文化研究的重要性。

道森深信「宗教是歷史的鑰匙」[3]，他認為過去的學者往往輕視或低估了宗教信仰的社會功能，他相信「凡在文化上富有生氣的社會必有一種宗教，而這種宗教又在很大程度上決定著該社會的文化形式。那麼有關社會發展的全部問題，便必須由宗教與文化的關係問題著眼，來重新加以研討了。」

有「當代西方神學界的康德」之譽的田立克，致力於「文化神學」的研究。他認為宗教所探究的，乃是人類精神生活的底層，也就是他所謂的「終極關懷」。他指出[4]，文化活動與宗教信仰事實上都根植於終極關懷的經驗，而且「作為終極關懷的宗教，是賦予文化以意義的本體，而文化則是宗教基本關懷之自我表達的總和。簡而言之，宗教是文化的本體，文化是宗教的形式。」

湯因比是本世紀最有影響力的歷史學家，他長達十二卷的《歷史研究》就是以宗教的文化功能，來解釋各種文明形

態及其起源、生長、衰弱、解体的一般規律。他認為文明社會的結構主要由政治、經濟和文化三個層面所組成，其中「文化」乃是文明社會的精髓[5]。「文化」是某一個文明社會特有的精神活動，而此精神活動的標誌乃是以宗教信仰為基礎的「價值體系」。因此他指出，真正使各個文明得以形成與發展的生機泉源，乃是宗教信仰。

張志剛指出，這三位當代的學術泰斗，均以一種新的方法論來探討人類文明的問題，也就是將宗教與文化的關係問題推至首要地位，作為整個解釋過程的基本關係。他們三人都是因西方文化的危機而展開他們的研究的。所謂「西方文化的危機」，是指二十世紀上半期，西方世界經歷了兩次世界大戰以及 1930 年代的經濟「大蕭條」，使得西方人的心靈有極大的轉變：由樂觀到悲觀，從自信到焦慮，從崇拜科學到懷疑科學，從高舉理性到審視理性。德國歷史哲學家斯賓格勒(Oswald Spengler)的名著《西方的沒落》，清楚地描繪出二十世紀上半西方文化危機的景況。湯因比等人，就是嘗試對西方文化的危機予以再思，並提出他們的回應。

幾乎所有關心中國前途的有識之士都能同意，中國在邁入二十一世紀的同時，也面臨一個極為重要的轉折點。因為整個華人社會(包括中國、台灣、香港、新加坡及海外華人社區)都正面臨極大的挑戰。我們都關心，在現代化、都市化、國際化的種種壓力下，中國未來的遠景如何？其實這是一個普世性的挑戰，不僅是中國，所有先進的西方國家，和較落後的第三世界國家，也都面對同樣的挑戰。因此，大部份的中國知識份子或許都能同意，今天身為中國的知識份子，我們不能「抱殘守缺」地說：「我們中華民族五千年悠

久的文化，足可應付當今的問題。」但是，我們也不能天真地以為，只要引進一套現成的西方制度或思想，現今的種種問題就可迎刃而解。我們都體認到，中國文化需要被「更新」，需要被「轉化」，才足以面對當前的挑戰，並開創一個嶄新的局面。因此從文化與宗教的這個新的角度，來探索「文化危機」與「文化更新」這些問題，是深具意義的。

## 第二節　從基督教觀點看「文化更新」

早期西方宣教士所建立的教會，往往反映出這些西方宣教士的文化，多過於這些新信徒自己的文化。但是許多二十世紀的宣教學家，例如馬蓋文(Donald A. McGavran)、尼達(Eugene A. Nida)等人都反對將西方教會的形式移植到這些宣教地區，而大力提倡「本土化教會」(indigenous church)的概念。近代的宣教學家如希伯(Paul G. Hiebert)、克拉夫(Charles H. Kraft)等人，則進一步提出「功能取代」(functional substitutes) 及「處境化」(contexualization) 等概念[6]。

克拉夫主張文化是中性的，他認為文化是「地圖」，是人們藉以溝通的媒介。然而我們若進一步分析就可以發現，文化的組織及結構並不是中性的，人們會為了維護個人或團體的利益，而定規人際關係的規範。所以文化不但是人類所創造的，也因此受到罪的污染。換句話說，人的罪性會滲透、蔓延到社會的文化上。這是為什麼聖經很清楚的表明，福音與社會及流行的世界觀常常是對立的。

希伯則強調[7]，基督教信仰對於人生及文化，提供新的「詮釋」(Hermeneutic)和新的「透視」(Perspective)。耶穌基

督的死與復活，對每個人、每個文化都提供了一個新的亮光。耶穌來到世上，不是要拯救文化，而是拯救人類。但祂可以透過人「更新」或「轉化」(transform)文化，使它更能表達祂的形象。

因此，從基督教的觀點來看，「文化更新」不是文化的「移植」，而是人們在他們生活及工作的環境中，透過對人生的重新界定與重新整合，所獲致的一種新詮釋[8]。所以，「文化更新」是目的，「文化轉化」則是過程。

然而，正如克拉夫所指出的，信仰上的轉變往往會導致思想的「轉化」，最後也會在價值觀和行為上產生變化[9]。這種「思想」也就是潛伏在行為、言語和價值觀之下，更深一層的意識或「世界觀」。所有能持久的、能造成衝擊的「轉化」作用，無論是個人的或群體的，都必須在「世界觀」這個層次內發生變化。

接下來，這種「轉化」也會產生行動，在社會環境中造成影響。耶穌曾在天國的比喻中(馬太福音 13:33-35)，以「麵酵」為例來說明其作用。少數的信徒在社會中，好比少許麵酵在麵團中，但是這些麵酵卻能使整個麵團都發起來了。耶穌的比喻有一個重要的意義，那就是說，每一位信徒都該是「麵酵」，也就是「生物性催化劑」，來「催化」整個社會的轉化作用。

但是基督教所說的「轉化」是漸進的，而非速成的；是潛移默化的，而非立竿見影的。十八世紀末英國的威伯佛思爵士，連合了一群基督徒國會議員，為了廢除販賣及蓄養黑奴的制度，癡而不捨地在英國國會奮鬥了三十多年的時間，至終在1807年通過了全世界第一個類似的法律。這個歷程

是漫長的，但卻是持久的。反觀同一時期的法國大革命，雖然在革命初期也曾廢除販賣及蓄奴的法律，但是不久又自行恢復了舊法，使所有的改革成了「曇花一現」而已。

當然，很多人爭論的另外一個問題是：到底有沒有一種所謂的「基督教式的社會和政治體系」？在過去的歷史中，馬丁路德、加爾文、約翰衛斯理等人，都曾認定他們所組織的教會團體，最能代表這種「體系」。然而幾個世代過去之後，證明他們的教會或社區，只能反映出當時德國、瑞士或英國的社會，而非那普世性、永恆的、又被聖靈所更新的「屬靈社群」[10]。

事實上耶穌曾說：「我的國不屬這世界」(約翰福音18: 36)。這表明，耶穌否定了這種地上的「基督教式的社會政治體系」的存在。祂只是提醒每位跟隨祂的信徒，要常常不斷地被聖靈「更新」，因為包圍著我們的這個已被邪惡所污染的「世界」，正企圖逼我們就範。因此保羅說的很清楚：『不要被這個世界所**同化**，而要不斷地被聖靈所**更新和轉化**。』(羅馬書 12:2，自譯)

所以，基督教對這個世界所能提供的，不是一套歷久不變的經濟方案或政治策略，不是一種劃一的文化形式，而是一些「新人類」。他們在信仰上被更新，成為新人，因為「若有人在基督裏，他就是新造的人；舊事已過，都變成新的了。」(哥林多後書5:17) 因此他們對人生有新的透視，新的領悟。透過他們，更合乎時代需要的經濟和政治方案可以被提出來，更優美的文化也可以被創造出來。

換句話說，基督的福音不是要提供一套既成的文化的、

政治的、經濟的「形式」，而是提供新的「人類」。這些「新人」乃是從內心開始被聖靈「更新」，因此他們有嶄新的價值觀、人生觀和世界觀。但是經由這些「新人」，許多新的外在形式〔諸如文學、藝術、政治體系、經濟方案、科技等〕可以源源不斷地被創新。這才是「文化更新」的意義。

## 第三節　文化更新的模式

### 1.「文化的再造」(Cultural Revitalization)的模式：

華勒斯(Anthony Wallace)在提到「文化的再造」時，曾採用一個五階段的模式[11]：

**1) 穩定狀態(Steady State)**。當原有的文化能提供大多數人令人滿意的解釋，並減輕他們所承受的壓力時，對大多數人而言，他們的文化是在穩定狀態下。雖然少數人偶爾會遇見難以承擔的壓力，但是社會原有的「支援系統」，可以使他們的壓力減輕到可以承擔的程度。

**2) 危機狀態**。通常由於天災、外來文化入侵或社會快速變遷所引起，這時許多人都經歷到難以承擔的壓力，而原有文化似乎不再能提供滿意的答案，有人開始尋求其他的答案。但是他們又擔心，新的文化未必比舊的更管用，而且完全放棄原有的生活形態和價值觀，也是令人忐忑不安的。

**3) 文化解體狀態**。當面對長期的壓力又沒有令人滿意的答案時，人們開始各尋出路。比較保守的人會持守原有的文化傳統；比較開放的人逐漸接受一些改變；有的人變成酗酒，逃避社會；有的人甚至以暴力方式來反抗。因此社會上各不同的群體間的衝突增加了，導致壓力更加上升。人們開

始對自己的世界觀感到幻滅，也失去了生活的意義。

**4)文化再造(Revitalization)時期**。到這個階段，文化的解體更加劇，有時會完全被另一個文化吞噬了。但是「文化再造」的運動（通常是宗教型態的）也往往會應運而起，重新賦予生存的意義，並帶來文化的更新。文化再造使參與其中的人生活更積極、更有意義，逐漸吸收更多的人加入，形成一個社會運動。文化再造通常包括創新、溝通、接納、轉化和定型五個步驟，最後進入下一個新穩定狀態。

**5)新穩定狀態**。當宗教性的文化再造運動成功時，會帶來新的人生意義及穩定力量，而進入一個新的穩定狀態。這時開始「組織化」(institutionalization)的過程，領導人物會由有領導魅力的「先知型」人物，轉變為系統化訓練出來的「經理型」人物代替。機構組織、會員、建築物等等都開始定型而且精確化了。

雖然許多新宗教運動都失敗了，但是有些新宗教運動成功地帶來文化更新，並引入一個新穩定狀態。從某個角度來說，共產黨、回教、佛教及基督教（包含各教派），都可以說是「文化再造運動」的產物。

## 2.「創造的轉化」的模式(Creative Transformation)：

對於「中國文化要如何更新？」或「中國文化何處需要被更新」這類的問題，學者意見紛紛，鮮有共識。海外學者林毓生在1970年代左右，就提出「創造的轉化」的觀念。二十多年來，經過他的反覆宣導，有越來越多的的海內外學者開始採用他的名詞和觀點，來討論中國文化更新的問題。因此我們要先討論林毓生的「創造的轉化」這個概念，並就

其模式提出一些個人的管見。

依據林毓生的說法，「創造的轉化」(Creative Transformation)一詞最早係宗教社會學教授彼拉(Robert Bellah)所用的[12]，但林毓生將之用來表達中國傳統創造的轉化， 曾受其恩師殷海光的激賞，殷海光在他寫給林毓生的私人信件中說：

「自五四以來，中國的學術文化思想，總是在復古、反古、西化、反西化、或拼盤式的折衷這一泥沼裏打滾，展不開新的視野，拓不出新的境界。你的批評，以及提出『創造的轉化』，就我所知，直到現在為止，是開天闢地的創見。」[13]

後來在〈民主自由與中國的創造轉化〉一文中，林毓生曾進一步地解釋說，文化傳統創造的轉化「是把一些中國文化傳統中的符號與價值系統加以改造，使經過創造的轉化的符號與價值系統，變成有利於變遷的種子，同時在變遷過程中，繼續保持文化的認同。這裏所說的『改造』，當然是指傳統中有東西可以改造、值得改造。這種改造可以受外國文化的影響，卻不是硬把外國東西移植過來。」[14]

在另一篇文章中，林毓生指出，有關「創造的轉化」這個複雜的觀念「第一，它必須是創造的，即必須是『創新』，創造過去沒有的東西。第二，這種創造，除了需要精密與深刻了解西方文化之外，而且需要精密而深刻地了解我們的文化傳統。在這個深刻了解交互影響的過程中，產生了與傳統辯證的連續性；在這種辯證的連連續中，產生了對傳統的『轉化』；在這種轉化中產生了我們過去所沒有的新東西，同時這種新東西，卻與傳統有辯證地銜接。」[15]

對於未來中國的遠景，林毓生於〈在轉型時代中一個知識份子的沉思與建議〉一文中，提醒我們，這種「創造的轉化」是無比艱苦而長遠的工作，不是任何一個人、一群人、或一個時代的人所能達成的。他還指出，如果我們要建立一個現代化的、合乎人道的新中國，需要從事兩大建設：「民主與法治的制度」和「中國文化傳統創造的轉化」[16]。最後他沉重的呼籲：

「我們真得以開闊的胸襟，高瞻遠矚，為建立一套民主與法治的制度，和為推行文化傳統『創造的轉化』而切實的奮鬥！如果我們這一代中國人，不願對歷史交白卷，今後必須超脫『民族的自尊與自卑，及文化的自傲與創傷』，根據對未來的取向，重振中國知識份子特有的使命感，每人立大志，為建立明日的新制度、新文化而盡最大的努力！」[17]

關於「創造的轉化」這個概念，海內外學者直接或間接的都有些回應。例如李澤厚在《走向未來》1986 年創刊號中，就以相似的「轉換性的創造」一詞，指出對傳統文化應有的態度 [18]。海外學者如余英時、杜維明、劉述先等人，不但贊同「創造的轉化」之概念，並從不同角度予以申論。

另外傅偉勳在〈外來思潮的衝擊與多元開放的文化創新〉一文中，也間接呼應了林毓生的觀點，他說 [19]：

「今天中國所面臨的思想文化危機，既不是甚麼『資產階級的文化污染』，亦不是什麼『中體』的迷失，而是我們面對外來思潮與外域文化的挑戰衝擊，還未找到適當回應的辦法。如更深一層的分析，我們根本還未摸到外來思潮與外域文化的本質，只在邊緣嚐嚐味道而已，遑論『批判的超越』(Critical Transcendence)？」

這與林毓生強調對西方文化傳統真正實質的瞭解，是邁向「創造的轉化」的基本功夫，是不謀而合的。

此外傅偉勳還建議以「多元開放性」(Pluralistic Openness)來代替容易導致相對主義和主觀主義的「多元主義」(Pluralism)。並且他主張在中國全力推動的「四個現代化」之外，加上以政治体制的改革為主的「第五個現代化」，及以文化思想教育改革為中心的「第六個現代化」[20]。這第五和第六個現代化，也與林毓生所呼籲的「民主與法治的制度」與「傳統文化創造的轉化」兩大建議有神似之處。

假如我們都同意，「創造的轉化」是中國文化的更新之路，那麼我們是否能從歷史中找到證據並學習到一些寶貴的經驗？我們是否能從現今社會的各種病癥中，看出中國文化的病根？這將是我們需要繼續思考的問題。

## 3.「動力學」的模式(Kinetic Model )：

我個人曾參照華勒斯的模式，並以化學轉化「反應動力學」的觀點，提出一個文化轉化的「動力學模式」(Kinetic Model )[21]。依據化學反應的動力學，甲物質在原有穩定狀態下，通常會維持不變。但是當外來能量（通常是熱能）逐漸加大時，甲物質開始進入「動盪不安狀態」，其中有少部分會轉為乙物質。如果外來能量大於「活化能量」時，則大部分的甲物質將轉為乙物質，且進入一個新的穩定狀態下。

當此模式應用在文化更新時，有類似之處。通常任何的傳統文化都有很強的穩定性，除非遭遇極大的外在變動時（例如戰爭、天災等），使原有的信仰體系、價值觀及世界觀都不再適用了，大家都覺得「亂了套」了，那時人們就會

開始積極尋求新的人生觀及世界觀。於是群眾的「新文化運動」開始展開。

在中國歷史上,「五四運動」及文化大革命後所引發的「文化熱」,都是在這種情況下引發的。「五四運動」的背景是中國受列強的欺壓無力反抗,導致西方新思潮的湧入。文化大革命的動亂則使社會主義的理想幻滅,造成「信仰危機」,於是人們開始再思中國文化的缺失。在這兩個時期,中國民眾對外來的思想、事物、觀點,有超乎尋常的開放態度。而新的文化及思想模式,也逐漸形成。

### 化學反應動力學模式

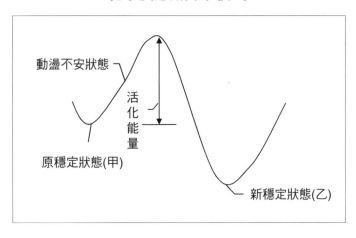

第四節　文化更新的過程

我個人將「文化的更新」過程, 分為「啟」、「承」、「轉」、「合」四個階段。其中「創造的轉化」偏重在第三個階段,但是前面兩個預備階段對「轉化」的成敗,有決定性的影響。最後一個階段係集大成之「合」,也會對所創造

之新文化的「穩定性」造成差異，因此需從整體來看，一併討論。

為了進一步檢視上述這些文化更新的模式是否符合史實，我們將先從歷史來考察。在人類歷史上，經由宗教與文化的會通，開創了新的文化，進而導致整體社會在政治、經濟、文藝上的新發展之範例可能很多，但是仍以佛教在中國與基督教在歐洲兩個實例最為突出，對比也最為強烈。本書前兩章已詳細介紹了佛教與基督教分別在中國和歐洲發展之過程，也論及兩教在各自時空環境下與當地原有文化會通的過程。若從「文化的更新」的觀念來看，我們不但可以比較其異同之處，也可由兩教在兩種背景中，對傳統文化所起的「轉化作用」，得到新的透視與瞭解。

## 1.「啟」的階段：

在談到「文化之演變」時，文化歷史學家道森曾強調，文化的演變及更新，「外來的擴散」比「內在的演化」影響力更大。因此，從文化的更新角度來看，「啟」的階段最重要問題的是：如何使外來的宗教或文化找到適切的機會及「切入點」，使之得以立足於原有的傳統社會之中？這個問題牽涉很廣，但是我認為基本上有「社會之文化危機意識」和「新觀念之傳播方式」兩大關鍵因素。

## (1)「社會之文化危機意識」：

這是指一個民族或社會，只有在面臨危機時，才會有較開放的心胸去嘗試或接納新的觀念。這就是孔恩的「模式轉移」(Paradigm Shift)的意思[22]。換句話說，每個社會都有一套既成的思想「模式」(即「世界觀」)，不但用以解釋在這個

社會中所發生的每一個事件，也藉此規範這個社會中每一個人的行為。直到某段時間，有越來越多的情況已無法用原有的「模式」予以解釋或約束人的行為時，這時就發生了「危機意識」。於是有一部份的人，就在原有之模式之外尋找「新模式」，一旦找到了，又經過更多別人証實，這個新模式就取代了舊模式，「危機」也就暫告解除了。經由類似的心路歷程，在科學上，愛因斯坦的「近代物理學」取代了牛頓的「古典物理學」；在宗教上，有些人則在遭遇家庭變故後「出家」了[23]。

同樣地，就整個社會而論，也必須在傳統的主流文化面臨危機時，外來文化或宗教才有機會「趁虛而入」。佛教在東漢末年入華，直到唐朝之前，有四、五百年的時間都是戰亂頻仍、民不聊生，儒學也正陷於低潮，因而老莊玄學與佛教才能大行其道。到了唐朝，儒學再度中興，當時雖有韓愈等儒家學者排斥佛教，但是佛教羽翼已豐，足以與儒家分庭抗禮了。但唐朝才入華的景教則在佛儒道三教的強大勢力下，雖然企圖在夾縫中求生存，可惜時不我予，功敗垂成。

基督教在羅馬帝國的頭三百年，也正逢希臘哲學的低潮時期，因此當時異教紛起、道德紊亂。基督教的思想卻成為社會上的一股清流，贏得廣大群眾的心靈，以致於在血腥的逼迫中，卻能愈挫愈奮，最後征服了羅馬帝國。

所以這些社會的、政治的外在因素所造成的「社會危機」，將形成一個心靈的「虛空狀態」，外來的文化或宗教，就比較容易在本地「落地生根」。從這個角度來看，中國大陸在文革後所造成的「三信危機」，是造成大陸一連串的「文化熱」、「基督教熱」和「氣功熱」的背景因素之一。

## (2)「新觀念之傳播方式」：

在傳播新觀念方面，最重要的乃是典籍的翻譯。佛教在傳入中國之初，致力於佛教典籍的翻譯，因此譯經人才輩出，如竺法護、鳩摩羅什、玄奘等人，所譯之佛典又多又精，對佛教在中國的傳播，奠下了堅實的基礎。基督教在羅馬帝國則沒有譯經的困難。因為《舊約》聖經早在公元前200年以前就已譯成希臘文，且在羅馬帝國各地的猶太會堂中每週誦讀。至於《新約》聖經，也陸續在公元100年以前，由幾位不同的作者分別以希臘文寫就，手抄本也在眾教會中流傳。在公元250年左右，眾教會已達成對「正典」的共識，可見《新約》聖經已極為普遍。同時，初期教父的護教作品及聖經註釋也都是以希臘文寫的，對基督教思想在羅馬帝國的傳播，有莫大的助益。

相對而言，唐朝景教的衰亡，與譯經之量少質劣大有關係。波斯的景教文典共有五百三十部，到晚唐時期的景教僧景淨也只翻譯了三十部而已，但是只有少數存留至今。依據香港道風山漢語基督教研究所翁紹軍所編的《漢語景教文典詮釋》指出，由現存的兩部景淨翻譯的經文《宣元至本經》及《志玄安樂經》來看，固然文采炫麗，卻充斥著佛道思想，原有的基督教神學已蕩然無存[24]。而早期景教僧阿羅本的譯本，則雖忠於真理，但譯名低俗難懂，無法卒讀。在這樣的條件下，景教當然無法對中國文化起任何會通的作用。

## 2.「承」的階段

在「文化創造的轉化」過程中，外來文化必須與本地傳統文化銜接，並產生「共鳴」或「共振」現象，才能進一步

達到「轉化」的結果。在這個階段，外來文化是「客體」，本地傳統文化是「主體」，而最重要的問題是：外來文化與傳統文化有何契合之處？兩者在那些地方可以達到相輔相成的結果？

佛教自兩晉時代開始，常以「格義」之法，將佛教與當時極為流行的老莊玄學作類比，以老莊的「無」來解釋佛教的「空」。雖然後來的佛教學者認為，這種「格義」之法，有使佛教被融攝在道家思想中的危險，因此多持反對的態度。但是老莊思想的確扮演了引介印度佛教進入中國的角色。

基督教則以希臘哲學作為媒介，尤其是柏拉圖的宇宙觀與斯多亞派的倫理觀，巧妙地將陌生的基督教信仰，引入希臘─羅馬文明世界。那些希臘教父，特別是亞歷山大學派的俄利根，在這方面居功甚偉。然而，同樣源自希臘哲學的諾思底主義，卻一直是初期基督教內部威脅很大的「異端」，常常陰魂不散地困擾著教會。

因此，在承接的過程中，永遠有「主體文化」將「客體文化」(如佛教與基督教)融攝、消蝕、變質的危險。如何避免因為與主體文化會通，而失去原有客體文化的特色，將是一個很大的挑戰，特別是遇到包容力特大之中國文化的時候。另外一個可能的狀況是，由於主體文化過強，因此客體文化就採取「隔離政策」，盡量減少與主體文化的接觸與會通，以「明哲保身」。回教在中國的發展就是採取這個策略，因此它固然可以生存下來，但已失去「轉化」主體文化的可能性了。

### 3.「轉」的階段

從文化更新的角度來看，外來文化或宗教能否促使傳統文化產生「創造的轉化」，關鍵就在這個「轉」的階段了。當然前面「啟」與「承」兩個階段的預備功夫作得夠不夠紮實、夠不夠深入，對於「轉」的階段之成敗，是有很大的影響的。但是在我看來，在「轉」的階段，最決定性的因素乃是「人才」的問題，而且牽涉到人才的質與量兩方面。

正如林毓生所強調的，傳統文化「創造的轉化」所需要的是創新，而人的「素質」就直接影響到思想的創新能力。沒有新的「創意」，就只會製造「生吞活剝」式的文化「燴飯」，而不能產生真正的文化「美食」。然而，另一方面，人才的「量」也不可忽視，因為要帶來整個社會思想、文化的轉變，人數上需要達到某種程度的「臨界質量」[25]，否則無法產生「連鎖反應」，也就無法造成新文化的風潮。

在佛教傳入中國四、五百年之後，中國佛教界開始人才輩出、宗派林立，許多新興的中國佛教宗派也在此時紛紛創立。值得注意的是，雖然在隋唐時期西域僧、天竺僧依舊很多，但是獨領風騷的卻都是中國高僧。例如玄奘、惠能、善導等大師，都是不世出的天才型人物，他們發揮創意，建立了獨具風格的中國佛教。因為「創造的轉化」不是外人能做的，只有精通外來文化的本土人才，方堪擔此重任。外來的和尚充其量只能作「引介」的工作，也就是「啟」的工作。到了最重要的「承」與「轉」的工作，本土人才就必須當仁不讓地挑擔起來。

但是佛教對中國文化的「轉化」工作，直到宋朝之後才真正看出效果來。宋朝的「理學」或「新儒學」，就是儒學

受佛教思想轉化後的成果。雖然許多理學大師曾嚴詞批判佛教，可是不容否認的是：像二程、朱熹、陸九淵、王陽明等理學大師，無一不受佛學(尤其是禪宗)的啟發。至此，傳統中國文化「創造的轉化」工作才算是告個段落。但是正如黎錦熙以吃飯比方中國文化消化印度佛教的情況說的：「這餐飯整整吃了一千年。」[26]

在基督教方面，自君士坦丁大帝至西羅馬帝國滅亡之間的一百五十年間，基督教已在地中海沿岸建立了堅固的基礎，但是「轉化」文化的工作卻是在西羅馬帝國滅亡之後才開始。但是這個「轉化」的過程又分為兩個階段。在第一階段，基督教所面臨的是蠻族的文化，而非佛教所面臨的高度文明的儒家思想。然而基督教也花了五、六百年才將歐洲的各蠻族都「基督化」了。當時推動文化更新的主力乃是修道士，而修道院也在亂世中成為文化中心及教育中心，因此幾乎大部份的一流人才都在修道院裏受教育，並以宣教和文化傳播為神聖的「天職」，他們對文化的傳承與創新，貢獻卓著。各蠻族的文化也藉著宣教士的努力，逐漸被轉化、被提昇到相當高度的水平。

第二個階段的文化「轉化」工作，與第一階段大不相同。十二世紀開始的十字軍東征所造成的「文藝復興」，對基督教的衝擊很大。如今基督教所面臨的，是失落已久、但水平極高的的希臘文化，而不再是水平較低的蠻族文化。基督教與希臘文化二度相互激盪、交流的結果，就產生了以阿奎那、安瑟倫等人為代表的「經院哲學」。在這個時期，亞里斯多德的哲學思想及宇宙觀，幾乎主宰了當時的學術界。同時，方濟會和道明會的僧侶，就成了當時最主要的文化傳

播者，他們在「主教學校」以及隨後由之發展而成的大學中，扮演了極重要的角色。至此，基督教與以希臘─羅馬文化為主體的歐洲文化，才真正完成了「轉化」的工作。算一算，同樣也花了一千多年的時光！

因此，正如林毓生所說的，傳統文化「創造的轉化」需要漫長的時間。而基督教進入中國，已經少則四百年（自利瑪竇算起），多則一千四百年（自景教入華算起）了，所以基督教在中國應該已經進入「承」到「轉」的階段。我們還需要多久才能完成這轉化的過程呢？當然以今天傳播媒體的發達，文化交流之速、之廣、之頻繁，或許不需要另一個一千年才能達成中國文化轉化的工作，但至少這任務也絕不是短短的二、三十年就能完成的。

## 4.「合」的階段

這裏的「合」是類似黑格爾辯證法裏的「正」、「反」、「合」的第三個「合」字，也是整合、融合、契合之意。換句話說，當兩種文化經過長期的衝突、激盪、調適、融攝之後，終於達到另一個「新的穩定狀態」，這就是「合」的階段。但是所形成的新文化是否能保持生生不息的活力，就取決於它是否有「多元開放性」及「自我批判度」了。

「多元開放性」是借用傅偉勳的名詞，是指在思想發展、學術探討及文化創新上，承認有多元不同的表現，但仍需評比高低、優劣。「自我批判度」是指在文化發展過程中，這個文化容許自我批判的程度。因為一個文化若能接受經常的、理性的自我批判，也就能擁有「自我更新」的能力。一個「多元開放性」與「自我批判度」都很低的文化，

將面臨「僵死」的危機。

佛教在元、明時代就已與儒道思想達到「合」的階段，但是也是在這個階段，中國文化開始進入「僵化」的情況。因為中國在傳統上有「泛道德化」和「泛政治化」的傾向，思想上的獨斷性很強。到了明清時代，一方面「釋儒道三教同源」的說法極為盛行，固然三教彼此和平共存，但是對其他的外來思想則一概予以排斥，因此這個時期的中國文化基本上是一個「封閉系統」，而非「開放系統」；是強調「華夷之分」的「二元論」，不是有包容歧見的「多元開放性」。同時，明清時代殺人如麻的「文字獄」，更顯示出在這個階段，中國知識份子根本無法發揮「自我批判」的能力，非不能也，時不予也！

因此，原本創意迭出、活潑自在的禪宗，到了明清時代，和尚們卻只能抱著祖師們的禪公案窮參，於是「枯禪」、「狂禪」之輩很多，真正能開創出另一番新見地的禪師已經近乎絕跡了。至此，可以說佛教已失去生命力了。民初的太虛法師就是有鑒於佛教的沒落，才興起重振佛教的心願的。同時，儒家的情況也好不到哪裏去。八股取士使得知識份子多為功名而讀書，而嚴酷的政治環境更使許多人埋首於訓詁之學，原本強調經世致用、誠篤務實的儒學，就只剩下「吃人的禮教」的軀殼了。也就是在此情況下，到了清末民初之際，已僵化的中國文化，已不足以應付當時國內外的情勢和需要，乃有了一場驚天動地的中西文化的衝突─「五四運動」。

基督教在歐洲的發展就很不同。在文藝復興之後緊接著的乃是宗教改革、資本主義的興起和現代科技發展。李約瑟

和黃仁宇都認為這四件事是「成套」的[27]，也就是彼此息息相關，前後呼應的。其實在這中間還有一件大事就是「啟蒙運動」，這啟蒙運動對西方文化及思想的影響很大，但它也是繼承上述四件大事而來的。但是一般學者總是有意無意地忽視其中最具關鍵性的「宗教改革」，其實宗教改革才是資本主義、現代科技發展和啟蒙運動背後的「驅動力」。

在文藝復興之後，當時的教廷及其影響下的歐洲文化也有「封閉式二元論」的傾向，絕不容許任何的批評。因此天主教的「異教裁判所」用火燒死特立獨行的捷克教會領袖胡司(Huss)；將私自翻譯英文聖經的威克里夫(Wycliff)予以「鞭屍」；並將伽利略定罪、軟禁。因此歷史學家稱中古世紀為「黑暗時代」，雖然有誇大、偏頗之處，但是在十六世紀前，歐洲的確有思想僵化的傾向。

十六世紀發生的「宗教改革」，帶來了一股新的氣息。它所造成的結果，不僅是基督宗教陣營的分裂，更是思想的「解放」。紛紛崛起的一些新教宗派，始終未定於一尊，也未有共同的組織，教義上則在「大同」之中容許有「小異」，具備了「多元開放性」的特色。同時，主張「以聖經為唯一權威」的基督教(新教)團體，也不再將「傳統」視為權威，容許向傳統挑戰和批評，也就是鼓勵「批判性的思考」。這使得新教所塑造的文化，充滿了活力，富有積極進取的精神，也有追根究底的態度。

因此韋伯在其名著《新教倫理與資本主義的興起》中，認為新教的精神，是資本主義發展的溫床。中國科學發展史專家李約瑟則認為，基督教的「創造論」及新教領袖馬丁路得和加爾文的「天職」(Calling)觀，間接促使現代科學在歐

洲(尤其在新教範圍內的英國)蓬勃發展[28]。而富批判精神和理性主義色彩的「啟蒙運動」，也是由宗教改革的精神進一步發展的。

由於具備了「多元開放性」和高「自我批判度」兩種特質，西方文化因此擁有較高的「自我更新能力」。所以自十六、七世紀以來，西方國家雖然也經歷了許多危機，但都能化險為夷。所藉助的不是「外來文化的擴散」，而是「內部文化的演化」，這都是因為西方文化具有這種「自我更新」的機制所致。

然而我們傳統的中國文化，經過近兩千年儒、釋、道三教的交會後，卻逐漸發展成一種類似金觀濤所說的「超穩定結構」[29]，保守性極強，卻缺乏了那種「自我更新」的能力。以致於只有借用外來文化的刺激與轉化，才有可能更新。而且往往要以較激進的「革命手段」，才能打破這種「超穩定結構」。依我個人的看法，以儒家思想為中心的中國文化，原是淵源於小農社會的環境中，而中國有兩千多年一直保持農業社會的形態，因此儘管改朝換代，只是「政權轉移」而已，基本社會結構及倫理關係依舊不變。但如今中國面臨現代化的挑戰，整個社會迅速進入工業化社會，社會結構全然改觀，原有的倫理關係不再適用，這才是今日中國文化危機所在。

## 第四節　結論與評估

中國人是現實的、是急功好利的，我們沒有耐心去從根本作起。所以從一百年前的「自強運動」開始，我們所要的只是「船堅炮利」。「中體西用」之說迄今仍是主流思想，

我們不認為中國文化有需要〔或是因為求功心切而認為來不及〕被「轉化」或被「更新」。我們不加思索地迎接了西方的科技,卻峻拒西方的精神文明;我們穿上了西裝,但是仍然是「滿肚子不合時宜」。

五四運動之後,熱情的愛國青年到處尋找「救國良策」。於是共產主義、西方的自由主義、三民主義,甚至基督教都被拿到擂台上去比試一番。當然,很快地基督教早早在頭一回合就被淘汰出局了,因為基督教拿不出一套明確可行的經濟、政治方案,來挽救風雨飄搖中的中國。經過一番激烈的競爭後,中國大陸熱情地擁抱了馬克思共產主義,台灣則堅守孫文的三民主義。可是將近五十年後,海峽兩岸雖先後都有了高速公路、大廈、現代科技和摩登享受,但是我們的思維方式和價值觀,仍然少有變動。

在中國剛邁入二十一世紀時,所有對中國的前途關心的知識份子必須自問:甚麼是今天中國最急切需要的?我深信不是科技,雖然科技可以改善國家經濟;不是民主政治,雖然民主政治比較合乎人性。今天中國所需要的是以新的文化來塑造的「新民族性」。現代科技的夢魘已逐漸在中國展現,民主的鬧劇和醜聞也在台灣的政治舞台上不斷上演,其共同的病根就是中國人的民族性。因此,我們迫切需要「文化更新」,但不是外在的形式,而是內在的心靈。

所以,今後中國傳統文化「創造的轉化」的目標之一,就是要在我們中國文化中,植入這種「自我更新」的機制。但是正如下文所將進一步闡釋的,這種「自我更新」的機制,與基督教思想有非常密切的關係。所以,今後基督教與中國文化的會通,將更是任重道遠了!

1 湯一介：《論中國傳統文化：中國文化書院演講錄第一集》，北京三聯書店，1988，4頁。

2 張志剛：〈當代宗教─文化研究的邏輯與問題：對二十世紀文化的一種批判思路〉，載於《維真學刊》(1996年第一期)，41-52頁。

3 Christopher Dawson, *Progress and Religion* (New York, 1929)，引自張志剛上文，42頁。

4 Paul Tillich, *Theology of Culture* (Oxford, 1959)，引自張志剛上文，42頁。

5 引自張志剛上文，43頁。

6 Sherwood Lingenfelter, *Transforming Culture,* Baker, 1992. P.14-15.

7 Paul Hiebert, "The Missiological Implication of an Epistemological Shift. " TSF Bulletin (May-June 1985): 12-18.

8 同上。

9 Charles H. Kraft, *Christianity in Culture,* 348-50頁。

10 Sherwood Lingenfelter, *Transforming Culture.* P.19.

11 Anthony Wallace, "Revitalization Movements", American Anthropologist, 58 (1956), 264-81.

12 Robert Bellah (ed.), *Religion and Progress in Modern Asia,* New York: The Free Press, 1965, p.210. 但林毓生將原書的 "Creative Reformation" 改為 "Creative Transformation."

13 林毓生：《思想與人物》，台北，聯經出版社，1983，320頁。

14 同上，288頁。

15 同上，86頁。

16 同上，323-40頁。

17 同上，339-40頁。

18 李澤厚：《中國現代思想史論》，台北，風雲時代出版社，1990，40頁。

19 傅偉勳的文章收集在陳奎德主編之《中國大陸當代文化變遷》(台北桂冠圖書公司，1991)中。

20 同上，19頁。

21 這是我在美國就讀三一神學院的博士論文之一部份，後來以英文發表，

書名係 *Ripening Harvest:* Mission Strategy for Mainland Chinese Intellectuals in North America, by Tsu-Kung Chuang, Paradise, PA: Ambassadors for Christ, Inc., 1995.

22 Thomas S. Kuhn, *The Structure of Scientific Revolutions,* University of Chicago Press, 1970.

23 有關於因為個人危機而造成宗教信仰之轉移,在許多宗教心理學及宗教社會學的書多有論及,如有興趣可參考Meredith B. McGuire, *Religion: The Social Context* (3rd ed.), Wadsworth, 1992, 27-51 頁。

24 翁紹軍,《漢語景教文典詮釋》,漢語基督教文化研究所,1995,39-40 頁。。

25 所謂的「臨界質量」(Critical Mass)和「連鎖反應」(Chain Reaction)都是化學名詞,是指原子彈如果達到一定的數量時,其原子分裂所釋放出的熱能,就足以使核分裂反應持續下去,最後導致爆炸。這個最低質量叫「臨界質量」。

26 引自張廣達〈唐代的中外文化匯聚和清末的中西文化衝突〉,《中國傳統文化再檢討 (下) 》(香港,商務印書館,1987),216頁。

27 黃仁宇:〈我對「資本主義」的認識〉,《中國傳統文化再檢討(下)》,150頁。

28 詳細的討論請參閱本人所撰之〈基督教與近代科學發展〉《海外校園》(第一期,1993 年 2 月),22-23 頁。

29 金觀濤、劉青峰:《興盛與危機》,湖南人民出版社,1984。

# 第五章
# 超越文化的溝通

　　文化差異會影響信息的傳遞，因為每一個社會都透過自己的語言及文化，來看這個世界。但是沒有一個文化是沒有偏見的，因此跨越文化的傳譯和溝通，絕不是容易的事。文化差異會在好幾方面影響所傳遞的信息：第一，除非傳信息者用接收者所能理解的形式來溝通，否則接收者無法接收信息。第二，信息本身必須經過翻譯，而且扭曲的程度必須達到最低。第三，信息也要適應當地文化的處境，在建築物外形、崇拜形式、詩歌和領導方式都要有所調整。而外來宗教在本地文化中的溝通，所遭遇的困難，與這些是相似的。

## 第一節　溝通的藝術

　　希臘哲學家亞里斯多德認為溝通有三個要素：說話者，信息和聽眾。這是一個雖然簡略，卻很有用的基本架構。近代的溝通理論則有更深入的分析。例如賀色格芮夫(David J. Hesselgrave)指出[1]，除了上述三要素之外，應該還有「加碼」(Encoding) 和「解碼」(Decoding)兩個要素。「加碼」是將傳遞信息者心中的意念和思想加上某種「密碼」(Code)，使之以語言、手勢甚至鼓音表達出來。「解碼」則反其道而行，將用密碼傳達的信息解譯，使接收者將信息儲存於思想中。下圖可表示這五要素之相互關係：

**溝通的過程**

　　另一方面，希伯指出[2]，文化溝通包含三個層次：理性、情感和意志。在理性層次主要是傳達資訊和意義；在情感層次是感受的分享；在意志層次則是價值判斷的傳達。通常在溝通時，這三個層次是同時進行的。

　　在理性層次傳達資訊時，最主要的方法是語言（無論是說或寫），因為只有透過文字，人類抽象的概念才能傳達。但是往往在傳遞資訊的同時，我們的感受也藉著表情、姿態或動作等「肢体語言」傳達出去了。不但如此，我們的價值判斷也傳達出去了，我們認為對方是否在說實話，我們喜不喜歡對方，或我們認為對方是正直的還是詭詐的，都經由我們的用字遣詞顯明了。所以，溝通的時候，我們所傳達出去的東西，常常比我們所想像的要多。我們可能集中注意力在信息的傳遞，但是許多其他層次的東西也傳出去了。

　　但是當我們在傳播福音時，不僅有信息提供者與接收者兩種文化，還有聖經作者當時的文化。因此賀色格芮夫提出一個「三元文化」的溝通模式[3]。在這個模式的第一階段乃是聖經以宣教士們所理解的語言和文化向他們說話。第二階段乃是宣教士以「解經」的技巧，回到聖經文化中，將福音信息「解碼」。第三階段則是宣教士的翻譯及溝通工作，他們得設法以信息接收者所能理解的語言及文化，以「加

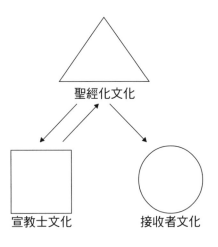

聖經化文化

宣教士文化　　　　接收者文化

碼」的方式再將福音信息傳遞過去。在這個過程中，宣教士要盡可能避免將他自己的文化也同時傳送出去。

## 第二節　跨越文化溝通

賀色格芮夫在分析跨越文化之溝通時，提出一個包含七個層次的模式。他指出，當某一信息由甲文化傳至乙文化時，這信息會經過七層的「濾網」來解碼。因此，影響信息傳遞的兩大決定性因素是：甲方對乙文化瞭解的程度，和乙方對甲文化瞭解的程度。換句話說，如果乙方對甲文化有充份的瞭解，當他們在「解碼」時，比較能正確地解讀信息的原意。或者因甲方對乙文化有深入的認知，所以在甲方「加碼」時，已採用乙方習用的密碼，使乙方在解讀時容易正確地掌握原意。

賀色格芮夫的七層濾網包括世界觀、思考方式、語言形式、行為模示、社會結構、傳播媒體和決定誘因等。在此我們只能作簡略的介紹，詳細的討論請參見原著。

### 1. 世界觀[4]

「世界觀」是文化中最深層的部分，其中包含許多被人們視為理所當然的前提假設，透過這些，人們來透視周遭的一切事物。換句話說，「世界觀」好比是人們看世界時所帶的「眼鏡」，透過它，所有的事物都清晰了，很多事情也有了較合理的解釋。

不同民族和文化都發展出其獨特的世界觀。譬如說，中國人的世界觀深受儒道二家的影響，道家強調「陰陽」、「道」和「無」等概念，儒家則強調「忠恕」、「孝道」和

「性善」等觀念。因此當佛教進入中國時，自然而然地，中國人用道家的「無」來看佛教的「空」；道家的「陰陽」之理被視為與佛教的「因緣」「輪迴」相呼應；儒家的「人性論」也強化了佛教的「佛性論」。換句話說，中國人透過中國人的世界觀來看佛教，來理解佛教，至終產生了中國佛教。這是世界觀影響文化溝通的一例。

我們可以列舉一些不同的世界觀，作為比較：

(1) 自然主義（或物質主義）世界觀：典型的代表就是馬克斯主義者及實證主義者。他們相信物質及空間是永存的。至於超自然的事物都被視為未開化民族的迷信而嗤之以鼻。自然界除了提供人類生存所需的物質外，也被視為需要人類去征服的對象。因此「人定勝天」的口號，成為進步、成功的代名詞。當然近代環境保護的意識抬頭，開始調整人類與自然生態的關係為共存共榮。在傳遞福音時，首先宣教士必須面對的，乃是科學與信仰的衝突問題。幸而最近流行的「後現代主義」思潮，提供不少有利的論證，可以戳穿這種「泛科學主義」的神話。

(2) 原始民族的世界觀：他們大多數是多神論或精靈崇拜者，對他們而言，人與動物及神靈是共存的，而且界線也不明顯。因此對他們而言，很重要的是不要去驚動或惹惱那些神靈或祖先，否則會引禍上身。所以他們禁忌(taboo)很多。生病、收成不好或災難，都被認為是得罪神靈的結果。在這樣的環境中宣教，「靈界爭戰」(Spiritual Warfare)是關鍵性的問題。很多在這種地區的宣教士，當他們經歷過神蹟奇事，然後再宣講至高神的權能之信息時，往往就能收到很好的果效。

(3)印度教的世界觀：印度教徒是一種一元論(Monism)式的泛神論，相信宇宙萬物原為一體，他們也相信輪迴，以及人前生的惡行會造成「業力」(karma)，甚至影響到今生。他們認為時間是循環式的，這個世界是無始無終、週而復始的，因此沒有創造，沒有末日。他們對人生主要是尋求解脫。在這樣的世界觀中，最大的挑戰是如何介紹這位獨一的三一真神。

但是克拉夫提醒我們，在超越文化的宣教事工上，世界觀的差異，是最難處理的問題[5]。因為正如戴眼鏡的人，往往不自覺自己戴著眼鏡，我們也很少懷疑我們根深蒂固的「世界觀」，除非我們的先驗假設遭遇到重大的挑戰。例如中國大陸在二十多年的社會主義、毛澤東思想的灌輸下，所建立的共產主義世界觀，在經歷文化大革命的衝擊之後迅速瓦解，造成了「信仰危機」。這不但促成中國人民新世界觀的建立，也帶來福音在神州大陸傳播的良機。

## 2. 思考方式[6]

有許多人研究東西方人士思考方式之異同[7]，古立克(Sidney L. Gulick)認為西方人注重科學的、理性的思考，東方人則偏重神祕的、直覺的思考。諾斯若普(F. S. C. Northrop)則認為東西方人士都由感官經驗入門，但是西方人偏重系統性理論的推敲，東方人卻偏重在審美方面的涵意。因此東方宗教強調神秘主義、直覺思維和情感。而且東方人是實用主義的，他們強調實用的技術，少去研究其背後的理論基礎。

史密斯(F. H. Smith)則提出三種對實體的思考方式：

**抽象觀念、直覺和具體關係**。他認為西方人、印度人和中國人代表三種不同的典型，他們思考方式的優先次序如下：

> 西方人：抽象觀念、具體關係、直覺
> 中國人：具體關係、直覺、抽象觀念
> 印度人：直覺、具體關係、抽象觀念

學者指出中國哲學，無論是道家或儒家，都以「具體的經驗」來探索真理，不像西方人依據前提假設或概念，也不像印度人依靠神秘經驗和直覺。因此，中國禪師會教導門生「劈柴挑水，無不是禪」，這恐怕不是印度禪師所能傳授的，而這正是中國禪的特色。從另一個角度來說，宋朝理學家所說的「格物致知」，所強調的也同樣是藉著觀察萬物，以求得對真理的認知。

同時，中國人強調人際關係及物我關係。例如儒家重視「禮」，並以此為其所有教訓的落實。而所謂的「倫理道德」，幾乎完全是談到如何達到人際關係的和諧，而很少論及處理事務本身的對與錯。因此像「職業倫理」和「生命倫理」等類的問題，在中國傳統倫理觀念中，是很難找到答案的。但是在這種思維方式之下，中國人讀聖經馬上會想到的也是在倫理道德上的應用，而很少聯想到其中的神學思想及屬靈原則。

印度人的思維則將知識分為高、低兩類。高等的知識是神秘的，必須透過禪修（如瑜珈術）的方法，憑直覺獲得的。低等的知識則包括哲學、數學及科學，是經由理性思考獲得的。因此要向印度人傳福音，不要過份強調哲學與神學，有時候宣教士分享自己重生的經歷，還有讀經時靈裡的亮光及啟示，都會得到共鳴。

## 3. 語言形式

　　語言與文化的關係，是近代學者激烈爭辯的問題 [8]。渥夫(Benjamin L. Whorf)強調語言形態的歧異性，他認為語言的差異導致不同的世界觀，因為語言不僅表達意念，也塑造我們的思想。但是瓊斯基(Noam Chomsky)則強烈批判渥夫的理論，瓊斯基認為，語言的差異只是表層的，它們的深層結構是相容的。所以，瓊斯基強調語言及人類的**相似性**，而非其**相異性**。近代的語言學者似乎較多傾向於瓊斯基的觀點。

　　當然，不可否認地，語言也的確表現出文化的差異。例如中國文字常以具體事物來表達抽象概念，許多佛教術語很清楚地反映這一個特色：人的真實本性稱為「本來面目」，寺廟稱為「叢林」，肉體的生命叫「臭皮囊」。另一方面，中國字是形聲字，所以有些抽象概念在翻譯時，容易造成某種程度的誤導。像基督教中非常重要的「罪」之觀念，就是一例。「罪」從字根來看，是「非」在「四」之下。「四」在小篆是「网」字，也就是「網」字之意。而「非」即「匪」之意。因此在中文「罪人」就是指「被逮住的匪類」，而且是人贓俱獲的現行犯。但是在基督教聖經中的「罪」，在希臘原文卻是「射不中的」之意，意思更近乎「人非聖賢，孰能無過」的「過」字。可見跨越文化的語言翻譯是困難重重的。

　　有些聖經的詞句，若是直接照原文字面意思翻譯，可能沒有對等的詞彙，必須用其他相似的詞彙。例如非洲有一些部落沒有見過「雪」，因此「潔白如雪」只好翻譯成「潔白如羊毛」。另外在某些地區，要翻譯「我(耶穌)站在門外叩

門」(啟3:20)時遇見困難。因為在當地只有竊賊才會叫門，客人只會在門外「叫門」。因此，那段聖經在當地就被譯為「我(耶穌)站在門外叫門」。這種的翻譯方式，一般稱之為「動態對等譯法」(Dynamic-Equivalence Translation) [9]。

「動態對等譯法」希望不但忠於原作者及他的信息，也希望能忠於信息對最初的讀者期望造成的衝擊。因此他們使用接收者（讀者）文化中的語言，來傳遞與作者原意相「對等」的意義，以帶來對等的衝擊。這種的翻譯，主要是朝向對等的「回應」，而非朝向對等的「形式」。目前英文譯本中，比較接近這種「動態對等譯法」的版本有 New English Bible, Phillips, Today's English Version 及最新出版的 New Living Translation 等。

## 4. 行為模式 [10]

傳統上，西方的「修辭學」(Rhetoric)偏重言語的表達，特別是講台上的言辭。亞里斯多德非常重視在講台上的修辭和邏輯，至於台下的行為，則不足掛齒。羅馬的演講大師西塞羅(Cicero)，固然注意到演說時非語言的肢體動作，但是對近代的非語言的溝通理論影響很小。奧古斯丁在信主前也是教修辭學的教師，後來他教學生講道時，鼓勵學生模仿雄辯家，不僅是他們的修辭，也包括他們在台上的動作、表情及風度。

但是有研究指出，在人與人之間的溝通裡，只有少於百分之三十五是語言的部分，其他的都是非語言的部分。近代傳播學大師豪爾(Edward T. Hall)在1959年代，發表了他的名著《寂靜的語言》(The Silent Language) [11]，引起大眾

對「非口述之語言」(Nonverbal Language)之新認知。他指出，許多的文化是在非正式的層次上傳達的，諸如姿態、手勢、表情、站的位置、時間、聲調，甚至眼神，都在傳達重要的信息。

他的傳播學理論中，將溝通的媒介區分為十個「主要信息系統」(Primary Message System，簡稱PMS)，其中只有「交流」一項是屬於語言的方式。他也指出，每一個PMS都是深受文化所影響的，都反映出個別文化的特質來。同時，每一種PMS都是透過三個方式來溝通或學習的：正式的(錯誤與更正)、非正式的(模仿)及技術性的(透過學校或教師)。其中大部分的文化，是經由非正式的方式(即模仿)學到的。

因此許多跨越文化溝通上的誤解，也可能由這些外在行為而造成。譬如許多印度人在贊同別人的意見時，常常會搖頭，不了解的人會以為他們反對呢！拉丁語系的人，對時間的觀念，和歐美人士大不相同。南美洲人的宴會常會延後幾小時才開始，而且通常過了半夜還意猶未盡。這是強調守時的西方人所難以接受的，甚至認為是失禮之舉。日本人極重視送禮，而且認為禮物的價值與對方的身份是有密切關係的，美國人則禮輕情重，這是文化差異之故。

另外有人作了一個有趣的實驗，他們將一位拉丁美洲的女士與一位美國男士放在一個大廳的中間，讓他們聊天。半個小時之後，幾乎沒有例外地，他們一定會侷處在一個角落裡。研究的結果是：北美的人普通異姓朋友間一般談話的「安全距離」是三呎，但是熱情的拉丁美洲人喜歡親近一點講話，美國男士們就會下意識地後退，拉丁美洲的女士卻往往「得寸進尺」，最後結果當然是這位美國男士被逼到牆腳

裡了。

所以賀色格芮夫曾列出七種在跨越文化溝通中宣教士要注意的事項：

(1) 外表：如蓄長髮合適嗎？講道可以穿涼鞋嗎？一定要打領帶嗎？

(2) 肢體語言：可以用手指指人嗎？哪根指頭是不能用的？講話時眼睛可以注視對方嗎?看哪裡？

(3) 觸摸：可以摸孩子的頭麼？異姓間的擁抱合適嗎？問安時可以臉貼臉嗎？

(4) 空間：兩人對話時應該保持多少距離才合適？我們應該保留私人空間嗎？宴客時的首席在哪裡？辦公室要隔間還是要用屏風？

(5) 時間：聚會準時非常重要嗎？講道超過時間是過失嗎？

(6) 表達方式 (Paralanguage)：講話的腔調、速度、音調、表情等。

(7) 環境因素：如教堂建築外型及色彩、房間的家具佈置、甚至化妝品的使用，都可能造成某種印象。

做為一個宣教士，我們要如何在行為模式方面幫助我們進行有效的跨越文化溝通呢？第一，我們必須忠於聖經的教導及良心的提醒，也就是過聖潔的生活，言行一致，行事為人合乎聖徒的體統。第二，在無關對錯的行為上，以「入境隨俗」的態度，採取對當地人而言適當的行為模式(如服裝、髮型、手勢等)來進行溝通。第三，如果你對當地的某

些行為模式的正當性有所懷疑(例如中國人為了禮貌，有時言不由衷，近乎於撒謊)，你要先深入地了解當地文化。如果必須予以糾正，也需要從非正式管道(如豎立新的典範)著手，加上全面、深入的教導，才能有果效。

## 5. 社會結構

每個社會都有其特定的社會結構，每個人在他的社會中也有他特定的角色及地位，這都會在溝通上造成影響。有些社會，像日本，對人的稱呼是隨其社會地位高低而異的。在中國，頂多只有「你」和「您」兩種稱呼，在日本則對平輩、長輩和晚輩的稱呼都不同，女人稱呼男人與女人稱呼男人也有分別，說錯了是嚴重的失禮。印度結構複雜又界限分明的「種姓階級」制度，在溝通上也是一大困擾。

另外，社會結構也會影響新觀念的傳遞及擴散速度。語言學家尼達指出[12]，每個社會對該由誰向某個階層的人說些甚麼事，都有其特定的規則。因此，有效的溝通(尤其是宗教的傳播)，必須透過適當的人經由合適的社會管道傳遞。一般而言，人們比較多與同階層的人溝通，也就是「平行式溝通」。至於「垂直式的溝通」，則比較有影響力的溝通，大多數是由上而下的，較少是由下而上的。

羅馬天主教一向的宣教策略就是偏重上級階層，再由上向下傳播福音。這種策略曾有效地帶領許多歐洲蠻族的全族歸信基督教。但是在目前的南美洲，由於天主教過於和上層社會靠攏，因而導致中下階層人士對教會的疏離感。基督教(新教)的宣教策略則一向由中下階層著手，與政治當權派保持「若即若離」的關係。然而經由教育的手段，信徒在社

會中的地位很自然會逐步上昇，因此也同樣能達到向上擴散
福音的目的。

宣教士在選擇傳福音的對象時，也要考慮到其可能的後
果。如果教會的主要成員是社會上的「邊緣人士」(marginals
)，如醉鬼、流浪漢、黑社會份子、舞女等人，這些人對福音
的反應一般比較熱烈，但是社會上的中堅份子，卻可能因此
拒絕加入教會。在印度，大多數的基督徒是來自於最低的「
賤民」(Untouchables) 階層，但是最高的婆羅門階層卻很少
人信主就是一例。但是北美偏重中產階級專業人士的華人教
會，卻又會使藍領階級的基層人士望之卻步。

另外，我們也要注意不同文化中，個人和「社區」
(Community)與「社團」(Association) 關係之差別。在西方
國家，通常偏重「社團」關係，人們喜歡與同階層的人打交
道。他們認為信仰是個人的選擇，而教會往往就是他們所選
擇加入的一個新「社團」。但是在許多比較傳統的農村或部
落地區，「社區」關係(如親屬及村里)就遠比「社團」來得
重要的多。對他們來說，信仰往往是群體的決定，而非個人
的選擇。這就是所謂的「群體歸主」(Mass Conversion)。這
在印度及中國的農村，是屢見不鮮的。

尼達曾對這種農村/部落的「親密社區」宣教策略提出
四個原則[13]：

(1)有效的溝通必須基於個人友誼；

(2)最初接觸的對象，必須是大家族中能有效地傳遞信
　　息的人(通常是家族中的長輩)；

(3)必須容許他們有時間去消化及擴散這些新的思想；

(4)任何有關信仰或行為的改變，必須是向有決策權力
的人發出挑戰。

## 6. 傳播媒體[14]

傳播學大師麥盧漢(Marshall McLuhan)指出，在討論
「溝通」的問題時，我們要區分「信息」(Message) 與「媒體」
(Media)。傳播媒體本質上是中性的，沒有善惡之分，只有
「冷」「熱」之別。熱媒體（像字母、相片和收音機）含有較
豐富而且明確的資訊，「冷媒體」（包括圖畫、卡通與電視）
則資訊較不明確，需要接收者的參與，才能將其含意顯明。
但是目前冷媒體的快速發展，表示現代人注重「感覺」多過
於「條理性的知識」。這對文化溝通與傳播，構成很大的衝
擊。

同時，大眾傳播媒體的發展，已使今日的文化擴散完全
改觀。中國古人所謂「秀才不出門，能知天下事」，已經成
為事實。但是關於不同社會階層人士應用傳播媒體之癖好，
仍是值得研究的問題。依據一項在美國的調查顯示，社會中
最高階層的份子，主要依靠印刷媒體（報紙、雜誌和書
籍），中下階層（佔總人口百分之五十以上），則偏重電子
媒体（電視和收音機）。在菲律賓的類似調查顯示，在都市
和鄉村，收音機和電視是最主要的傳播工具，報紙和雜誌的
閱讀率很低。因此，在文化的傳播方面，媒體的選擇及使用
方式，實在是一門專門的學問。

若是談到傳播的「速度」，收音機和電視肯定名列前
矛。但是若論及資訊儲存的「永久性」，則次序變成書籍、
影片、雜誌、收音機和電視，剛好與前述的次序相反。另

外，如果我們的目的是教學，那麼傳送速度慢、參與度低、永久性高的媒體應該列為優先。然而如果我們的目的是報導，那麼就應該優先選擇速度快、參與度高、永久性低的媒體。但是現在快速發展的電腦網路，是另一個極有潛力新的媒體。因為它兼具電子媒體的快速功能，和文字媒體的永久性。同時，它既可以傳送文字，又可以傳送影音。當然電腦網路也還是有它本身的侷限性。所以我們的結論是：沒有一種媒體在各方面都是超乎其他媒體的，而綜合使用各種互補性的媒體，才是最理想的策略。

在我自己的調查中也發現[15]，大陸的知識份子遠比台灣的知識份子更喜歡經由小冊子及錄音帶來接觸福音。可能因為在閱讀習慣方面，台灣的知識份子閱讀報紙及雜誌比書籍多，大陸的知識份子則顯然比較不信賴報紙及電視新聞，因為官方對新聞的嚴格箝制，使新聞的可信度偏低。

從跨越文化溝通的角度來說，宣教士要避免先入為主地以為，在自己的文化中最有效的傳播媒體，在另一個文化中也一樣有效。譬如在美國影響力很大的電視佈道，在其他國家就未必吃香。其次，不要被社會上比較勇於發言的群體誤導，以致於誇大了某種媒體的功能。在中國，固然電腦網路在都市精英份子中快速發展，但是農村仍然大多依賴傳統的媒體。

## 7. 決定的誘因 [16]

在跨越文化的環境中傳福音時，最後的關鍵問題是：如何使聽眾決定接受這個救恩之道？文化的溝通必然帶來思想、價值觀和行為模式的衝擊，但是要不要接受新的文化

(包括宗教)，卻有待人的決定。但是究竟是哪些因素影響人的決定？不同民族的文化在決策的過程有何差異？這是許多近代學者所探討的問題。

有些學者從種族心理學 (Ethnopsychology) 的角度，來分析不同種族和文化，在價值取向和動機上之差異。東尼 (Ferdinand Tonnies) 指出，西方民族和非西方民族的基本差別是：前者是以「社團」(Association，德文是 Gesellschaft) 為中心的，後者是以「社區」(Community，德文是 Gemeinschaft) 為中心的。前者強調個人，後者強調集体；前者是屬於工業社會的，後者屬農業社會的。

### F. Tonnies 的模式

| 「社區」(Community) | 「社團」(Association) |
|---|---|
| 群體關係是首要的 | 群體關係是次要的 |
| 面對面的，全面的關係（好像家庭關係一樣） | 彼此的關係僅限於特定的社會角色部分 |
| 比較多在鄉村的環境 | 比較多在都市的環境 |
| 前工業化的農業社會 | 工業化社會 |
| 個人被群體包圍；社群原則主宰社會關係 | 個人可以自由選擇 |
| 強調「群體導向」 | 強調「個人導向」 |
| 非西方社會 | 西方社會 |

後來有許多學者也嘗試用類似的分類法來區分不同文化之差異。例如班尼狄(Ruth Benedict)在比較美國及日本文化的差異時指出，美國人比較著重「罪惡感」(Guilt)，日本人則偏重「羞恥心」(Shame)；前者強調公義，後者則更注重和諧。另一位中國社會學家將人類社會區分為「抑制型」

(Repression)及「壓制型」(Suppression)兩種。前者如美國
及德國，他們比較偏重以個人內在的良知，做為控制行為的
力量。中國及日本則屬於後者，強調以外在的壓力使人就
範，他們的行為規範視按情況而定的。

### Ruth Benedict 的模式

| 「罪惡感」(Guilt)社會 | 「羞恥心」(Shame)社會 |
|---|---|
| 關心個別的、獨立的行動 | 關心整個自我形象 |
| 涉及違反某些規範及禁忌 | 涉及無法達成理想目標 |
| 涉及一連串的行動；透過以對的行為代替錯的，提升到健康的品格。 | 涉及全面性的回應(包括洞見)；不是累積就可以達到的。 |
| 重視決策；認為任何決定都比遲疑不決好 | 強調耐心，也就是能忍受遲疑不決及焦慮的能力 |
| 強調在工作、休閒的經驗內容 | 強調經驗的素質比內容重要 |
| 克服罪惡感能引至「義」 | 超越羞恥可以引至自由及角色認同(identity) |

　　賀色格芮夫則綜合上述幾種不同的分類，將人類社會之
分為四類：

A. **群體──祖先導向**（譬如中國人）：看重「傳統」和
　　群体的和諧，避免「有辱先人」，傾向於集體決策。

B. **群體──同輩導向**（如當代的美國人）：看重「受歡
　　迎度」和被同伴接受度，避免被團体排斥，雖是個
　　人作決定，但以時尚為依歸。

C. **個人──直覺式**（如印度人）：看重直覺及罪惡感，
　　尋求內心的和諧，傾向於個人作決定。

D. **個人──客觀式**（如過去的美國人）：看重法律和罪
　　惡感，尋求外在的公義，但傾向於個人作決定。

當然每一種分類法都有其先天的限制，因為每個社會都是由不同的個人及團體組成的，成份極其複雜。而各種的分類法都試圖將各個複雜的社會，用簡易的方法將之分別開來，有時難免失之牽強，或「見樹不見林」。但是，這些分析至少提醒我們，在文化傳遞和擴散的過程中，各民族的民族性，會影響他們對外來的新觀念或新宗教之取捨。

譬如在台灣，基督徒在不同族裔中的比例差異很大，在宗族意識極強的客家人中，基督徒的比例最低（約 0.5%）；在講閩南語的台灣人中，基督徒也只有 1%；但在講普通話的「外省人」中，基督徒比例較高（約 4.6%）；比例最高的是山地原住民，比例高達 23%[17]。這種現象，與各族裔的文化及社會情況都有關係。

做為一個宣教士，我們還需要注意下列幾點：

(1)「決志信主」是一個過程，而非僅僅是一個瞬間的決定，因此「福音預工」非常重要。最有效的福音工作需要時間讓慕道者透過適當的管道去接觸福音，也給她們足夠的時間去反省和思考。

(2) 佈道會若僅看重當場決志人數多寡，而忽略了事後的跟進栽培，很可能會白歡喜一場。因為依據葛理翰佈道團自己的統計，大型佈道會中決志的人當中，最後只有千分之一的人真正進入教會。

(3) 決志的方式也要考慮社會及文化因素。西方福音派教會慣於要求決志的人走到台前來，但是中國大陸來的人，要在群眾中公開表態是令人畏縮不前的。依據我的調查[18]，有一半中國大陸來的慕道友，是在私下的場合決志信主的。

1　David J Hesselgrave, *Communicating Christ Cross-Culturally,* Grand Rapids, MI: Zondervan, 1978. 29 頁。

2　Paul G. Hiebert, *Anthropological insights for Missionaries,* 159-169 頁。

3　*Communicating Christ Cross-Culturally,* 73-78 頁。

4　同上，121-96 頁。

5　Charles H. Kraft, "Culture, Worldview and Contextualization," in *Perspectives on World Christian Movement,* Orbis, 1999, p. 387.

6　*Communicating Christ Cross-Culturally,* 199-236 頁。

7　同上，205 － 209 頁。

8　本段之討論係引自 *Communicating Christ Cross-Culturally,* 258-261 頁。

9　Charles H. Kraft, *Christianity in Culture,* Orbis, 1994, p.261-75

10　*Communicating Christ Cross-Culturally,* 277-320 頁。

11　Edward T. Hall, *The Silent Language, Greenwich,* CN: Fawcett, 1959.

12　*Communicating Christ Cross-Culturally,* 354-356 頁。

13　同上，370 頁。

14　同上，383-407 頁。

15　Tsu-Kung Chuang, *Ripening Harvest: Mission Strategy for Mainland Chinese Intellectuals in North America,* AFC, 1995, p.93.

16　*Communicating Christ Cross-Culturally,* 426-43 頁。

17　史文森：《台灣教會面面觀》，盧樹珠譯，中國主日學會，1981年，51 頁。

18　*Ripening Harvest,* p.94.

# 第六章
# 宗教「處境化」的探討

由於宣教學學者早已注意到文化與宗教之間的錯綜複雜關係，因此如何使宗教在不同文化中，能適切地被傳達甚至被接受，就成為廣受重視的問題。早期的學者常常討論有關「本土化」或「本色化」(Indigenization)的問題，但是近代的基督教宣教學者則多半集中在討論「處境化」(Contextualization)的問題。

## 第一節 「處境化神學」的發展

「處境化」的名詞最早是在1971年出現在「普世基督教協進會」(WCC)的一份有關神學教育的的建議書上，值得注意的是，在這個神學研究小組中領銜的，是台灣的神學家黃彰輝，成員中還包括諾貝爾和平獎得主南非的圖屠(Tutu)主教。這個小組希望針對各地區政治、經濟和社會不同的狀況，特別是第三世界的情形，提出有關未來神學教育的方向及建議。

在他們提出的建議書中，明確地要求以「處境化」來代替早期慣用的「本色化」這個名詞。他們認為，「本色化」主要是由傳統文化的角度，去回應基督教的福音；「處境化」則除了考慮這點之外，還加上從政治、經濟、科技和社會公義等其他角度來回應。因此「本色化」強調「自立、自養、自傳」的「三自原則」；而「處境化」則進一步期望發展自己的神學体系[1]。但是在最初的報告書中，又將處境化神學分為「進化式」（如政治神學等）及「革命式」（如解放

神學、婦女神學、黑色神學等）兩種附屬分類。但是每當提到處境化神學時，特別是自由派神學家們，幾乎都是提到「革命式」的觀點。

事實上，自從士萊馬赫提出「神學是受時空環境所左右」的觀點之後，神學家們已經越來越注意到，「處境」(contex)對經文的解釋及應用的影響。但是二十世紀的詮釋學大師雷寇(Paul Ricoeur)主張，每當讀者在讀一段經文時，他事實上是在「創造」經文。經文的解釋不僅是文學的演練，更是社會、經濟、政治的演練。因此處境化神學其實是代表神學思維的一種「代模轉移」。

處境化神學宣稱它們與傳統神學的知識論已經分道揚鑣了。他們（尤其是自由派神學家）強調傳統神學是由上層菁英份子傳遞下來的；主要的來源除了聖經之外就是哲學；而主要的對話者是受教育的非信徒。處境化神學則是由下層上來的；主要的理論基礎是社會學；而主要的對話者是窮人及社會上的「邊緣人士」[2]。

包胥(David J. Bosch)指出[3]，這種新的知識論產生下列一些影響：

(1) 越來越多的人懷疑：不僅西方的科學和哲學，甚至西方的神學都可能只是為西方「服務」的。

(2) 新知識論拒絕接受「這世界是一個等候解釋的靜態對象」的觀點。

(3) 強調向窮人及邊緣人士委身，重點不再是「教義的純正」(Orthodoxy)，而是「實踐上的正當」(Orthopraxis)。而「實踐上的正當」的目標，是藉著知識和愛轉變歷史，來

醫治數以百萬計的無辜受害的群眾。

(4) 在這個模式中，神學家不再是屋頂上的孤鳥，他的神學只能在他與受害者站在一起時才能建立。

(5) 重點是「做」神學(*doing* theology)。換句話說，用「行動」來詮釋，比認知或說話都重要。

(6) 處境化神學的優先次序是藉著所謂的「詮釋圈」(Hermeneutical Circle)，由實際經驗（特別是第三世界的邊緣化經驗）開始著手，然後才進到「反思」的第二階段。傳統神學是以理論優先的，但是處境化神學則反其道而行。然而理論與實踐(praxis)卻是相輔相成、攜手同行的。

無疑的，這種激進的知識論及處境化神學的觀念，一方面受到後現代主義及存在主義思潮的影響，另一方面也延續自由神學對聖經的批判態度。雖然如此，我們也不能因此排斥處境化神學所給我們的啟發。

因此，「處境化」是一個更寬廣的名詞，較能涵蓋宗教在文化中傳播所需要探討的各項問題。雖然目前仍有少數人對於「處境化」這名詞有所保留，大多數的基督教宣教學家和神學家，無論是屬於自由派或較保守的福音派，都已能接受「處境化」的概念。

## 第二節 「處境化神學」的意義與方法

然而問題是：所有的人對「處境化」的理解都不相同，造成莫衷一是的現象。在基督教神學家中，對於「處境化」的意義與方法，隨著他們的神學立場，大致上可分三種不同的看法[4]：

| | 正統派 | 新正統派 | 自由派 |
|---|---|---|---|
| 對聖經的立場 | 聖經**是**神的話 | 聖經**包含**神的話 | 聖經是**有關**神的話 |
| 處境化的意義 | 使徒型 | 先知型 | 綜攝型 |
| 處境化的方法 | 教導法 | 辯証法 | 對話法 |

## 1.正統派：

「正統派」的神學家即一般稱為福音派或保守派的神學家，他們堅持聖經是聖靈所啟示的書，雖透過人手所寫，卻是神自己的話。聖經的啟示固然有作者本身的文化背景，但是真理卻是由神直接啟示，是超越文化的。

對他們而言，「處境化」的目的，就是要將那福音中不變的真理，也就是「使徒」們所傳的福音，在不同的文化及社會處境中忠實地表達出來。他們體認到聖經的啟示，並不是「非文化」(acultural)的，但是他們更強調福音信息的「超文化」(Supracultural)特質。因此這種處境化的方法稱為「使徒型」(Apostolic)的。他們強調要竭力保守使徒們一次交付的真道，並以最適切的處境化方式將信仰落實在信息接收者的文化中。

作為一個福音的傳播者，乃是透過「教導」(Didactic)的方法，將福音的本質及其應用傳遞出去。他首先必須充份了解聖經作者當時的處境，才能掌握住作者的原意；然後他也必須了解讀者或聽眾現今的處境（包括他們的信念體系）。在方法上他要建立一個溝通的橋樑，才能使聖經的教訓能落實在非信徒現實的生活中。最後的結果是他們靈性的更新。

## 2. 新正統派：

　　這是由德國神學家巴特(Karl Barth)在二次世界大戰後所領導的新神學思潮，也是當今福音派之外的基督教神學思想主流。他們深受存在主義哲學家如齊克果(Soren Kierkegaard)等人的影響，強調個人的、主觀的、現今的体驗。他們雖然認為，聖經是獨特的書，其中也「包含」了神的話，但他們不承認聖經就是神的話。因為他們主張：聖經也是人的作品，是有缺陷的。

　　對他們來說，「處境化」就是扮演先知的角色，針對所處的政治、經濟和社會現況發出回應。他們嘗試著去分辨神對他們的處境所說、所做的，然後去宣揚，甚至去做出必要的改變。其中有一些解放神學家，可能看重在現實環境的掙扎所得到的亮光超過於聖經。但是也有一些神學家偏重由聖經反省所得的亮光。

　　他們在處境化的過程中，往往先由社會現況的苦難著手，而非藉著聖經的啟迪。南美洲的「解放神學」就是其中一個典型的例子。他們尋求的是生活環境的改善，而非人性的「再生」(regeneration)；他們強調「社會結構性的罪」多過於個人的罪性。他們對歷史的解釋是透過馬克斯主義，然後經由階級鬥爭，用「辯証法」的方式來創造新的處境。因此處境化的結果乃是對福音的「政治詮釋」。

## 3. 自由派：

　　在中國早期又稱之為「新派」，他們以批判的角度來看聖經，否定歷史教義的傳統及「聖經是聖靈所啟示」的觀點。對他們而言，聖經全然是人的作品，是記載那些聖經作者對宗教和神的体會而已。這一派的神學家否定基督教的獨

特性，他們認為基督教與其他宗教一樣，都含有一些寶貴的真理。因此，基督教的教義必須隨人的認知及文化傾向而改變。

因此，他們要藉著與其他宗教或文化「對話」(Dialogic)的方式，去探索真理。他們想要包容各種文化、宗教及意識型態，去蕪存精地選取各家精華，以產生一個新的信仰，甚至超越原有的任何一個。因此多瑪(M. M. Thomas)公然地稱之為「基督為中心的綜攝主義」(Christ-centered Syncretism)。所以對他們而言，「處境化」就是是「綜攝化」的意思。而建立處境化神學的途徑就是「宗教對話」。

## 第三節 「處境化」在文化上的應用

一般而言，處境化的應用有文化上的及神學上的兩個不同的層次。在神學層次上應用的問題，在下一節將另行討論。在文化層次上，當宣教士到達一個新的宣教地區時，馬上會與當地原有的文化接觸。通常他們對當地「舊文化」的反應大致上有三類：「全面排斥」、「全盤接收」或「批判式處境化」[5]。

### 1. 全面排斥：拒絕處境化

早期的宣教士對當地的原有文化通常採取全面排斥的態度，因此擊鼓、舞蹈、服飾、儀式、葬禮等等，都被視為與原有宗教有關，而與基督教互不相容。宣教士採取這種立場的部分原因是「種族中心主義」作祟，另外一個原因是對當地文化的瞭解不夠深入。

這種態度有兩個問題，第一，這會造成「文化真空」的狀態，以致於只好用宣教士的文化及習俗來取代。於是信徒都穿上西裝洋服，彈風琴、唱巴哈的聖樂，教堂都是歐美式建築。難怪基督教被視為「洋教」，當地信徒也被視為異類，遭到本族人的孤立。

第二，這會使原有宗教儀式和文化走入「地下化」，最後甚至與基督教某些儀式或習俗結合成混合式的宗教。例如墨西哥人所虔信的「黑色馬利亞」，其實是原始印地安宗教與天主教結合的產物。有時這種混合宗教造成的後遺症更多。

第三，全面禁止傳統文化的結果，會使宣教士及教會領袖成為「警察」，要常常取締信徒們不合適的行為。這使得信徒們靈性無法逐漸成熟，因為他們總是無法自己來分辨、做決定。

## 2. 全盤接收：「非批判式的處境化」 (Uncritical Contextualization)

近代有許多宣教士，尤其是自由派的宣教士，往往對當地文化不加思索地採取「照單全收」的政策。他們對所有的文化採取尊重的態度，而且認為原有的文化基本上都是好的，所以變動越少越好。

這樣做也有兩個顯著的弱點：第一，它忽略了文化與個人一樣，都會被罪所污染。許多社會中存在著奴隸制度、雛妓、種族歧視等罪惡，也有拜偶像、巫術等異教迷信，宣教士除了希望將福音以當地可接受的方式傳達外，也應該要對這些個人的及集體的罪惡發出挑戰。

　　第二，這種照單全收的方式，也很容易鼓勵混合式宗教的蓬勃發展，以至於造成魚目混珠。許多過份強調「處境化」的宣教士，往往走入這個誤區，以至於無形中促成綜攝主義的結果。

## 3. 選擇性的接收：「批判式的處境化」 (Critical Contextualization)

　　對當地原有之傳統文化的第三種態度，乃是在接受或排除之前，都要先經過慎重的檢驗，這稱為「批判式的處境化」。最適合做這種工作的人，不是外來的宣教士，而是本地的信徒領袖。因為只有他們對自己的文化了解最深，對各種符號、儀式的涵意感受最切，所以任何的改變或決定，他們的參與是絕對必要的。

　　福音派宣教學家希伯指出，「批判式處境化」的步驟包括下列幾個：

　　**(1)文化的解析**。也就是將文化的符號及意義，儀式與功能加以詮釋。其中包括喪禮、婚禮、成年禮、音樂等。這最好由當地的信徒集體來進行，宣教士則只擔任原則性的輔導工作。

　　**(2)聖經的詮釋**。這要從聖經作者的時代背景中去解析，以找出作者原意。這通常需要由宣教士或牧師來主導進行。

　　**(3)批判式的回應**。也就是依據由聖經所得的新亮光，去重新評估自己的文化。這個階段最好也是由當地的信徒集體來進行，因為他們必須自己做決定。因為若是他們以共識做出決議，就比較不會在暗中偷偷又重操舊習。

**(4)處境化的應用**。將基督教的內涵，以適合當地文化與處境的新形式或新符號來表現出來，也有可能以原有的符號系統，經由新的詮釋，賦予新的(基督教的)意義。這可以由當地的信徒與宣教士共同來決定。

所以，在「處境化」的過程中，一些傳統習俗可能會被排除，也有一些習俗會經過修改而保存下來，但是已被賦予新的涵意。例如基督教在十二月底慶祝聖誕節，其實那原是羅馬異教神祇的生日，如今已被「借用」了；基督教的禮拜方式，是仿照早期猶太教敬拜的儀式；還有十八、十九世紀英國的「循理會」大奮興時期，衛斯理兄弟用了一些民歌的曲調，配上基督教的歌詞，就成了風靡一時的「聖詩」。在台灣，許多客家庄的基督徒用家譜取代祖先牌位，放在原有的神案上，藉以表示「慎終追遠」之意，這也是很有創意的作法。

| 類型 | 特　　　　質 |
|------|------|
| C1 | 典型的西方式教會，有部分回教背景的信徒參與其中，但與回教社區壁壘分明。 |
| C2 | 除了語言採用當地通俗語言外，與C1幾乎完全相同。大多數在回教世界的教會都是 C1 或 C2 型的。 |
| C3 | 他們除了語言外，也採用一些經過過濾，較為中性的文化方式（如服裝、民俗音樂、藝術作品等）在崇拜中。在此型的教會中，大多數的信徒都是回教背景的。 |
| C4 | 與C3型類似，但是也用了一些聖經許可的回教形式（如舉手禱告、禁食、不吃豬肉、不喝酒、不養狗，甚至用一些回教術語等）。教會及信徒雖然相當處境化，仍被社區中的回教徒視為「非回教徒」。 |
|  |  |

| C5 | 他們將回教教義中與聖經抵觸的部分予以排斥或重新解釋,並承認耶穌為主。有時仍參加回教徒的禮拜。他們往往被回教徒視為神學上的「異端份子」,因此最終仍有可能被逐出回教社區。 |
|---|---|
| C6 | 這是個別的或小群的「隱藏的」或「地下的」信徒。他們對自己的真實信仰往往保持沈默,因此很容易被其他回教徒仍然視為回教徒。 |

在討論如何向回教徒傳福音時,帕夏曾討論處境化的程度問題 [6]。他引用了另一位長期在回教徒中宣教的宣教士所發展的 **C1** 到 **C6** 的處境化指標來比較:

在上述六種典型中,**C1** 和 **C2** 是屬於「拒絕處境化」的,**C3** 和 **C4** 是屬於「批判式處境化」的,而 **C5** 和 **C6** 則屬於「非批判式處境化」的類型。其中爭議性較大的是 **C4** 和 **C5** 兩型。帕夏反對 **C5** 型的教會,因為研究者發現,在這種類型的教會中,仍有一半人接受《可蘭經》為聖書,並認穆罕默德為最大的先知,而且每週五參加清真寺的禮拜。雖然他們也都稱耶穌為「救主」,卻仍有一半的人不能接受「三位一體」的真理。這是明顯的宗教上之「混雜」(syncretism)現象。所以,處境化需要屬靈的智慧。

## 第四節 「處境化神學」之商榷

在基督教圈內,有關「處境化」的發展問題,基本上雖有共識,但是不可否認地,在神學層次上如何去發展也還有許多爭議。茲略舉比較重要的幾點申論如下:

### 1. 處境化神學「相對化」的危機

爭論最多的,莫過於各民族是否應發展各自的「處境化神學」的問題。長久以來,西方神學不但是主流神學,而且

被認為有普世的價值。換句話說，傳統以來認為：具有永恆性及不變性的基督信仰，已經以最終的形式宣告了，那就是歷代的信條、教會規章等。

但是從處境化神學的角度來看，神學應該是連續性、實驗性的。因此，處境化神學不應該像系統神學一樣，將所有有永恆價值的系統，全部涵蓋在內。但是這樣會導致無數的彼此排斥的所謂「處境化神學」出現。這種「相對主義」的危機，不僅出現在第三世界，也在西方自由派聖經學者中出現。

有些處境化神學家主張，每一個民族或族群都應該發展其自己的「處境化神學」，因為每個民族都有其獨特的歷史和社會狀況，基督教的福音必須針對這些不同的社會問題，有所回應。於是許多不同地區的「神學」紛紛出籠，諸如菲律賓的「水牛神學」，韓國的「民眾神學」，台灣的「鄉土神學」，南美洲的「解放神學」，還有「黑色神學」、「非洲神學」等，不一而足。問題是：這些不同的神學系統，除了表現出多元化的特色之外，是否有「標新立異」之嫌？是否偏離了正統神學的立場？他們對其他地區的信徒有何啟發作用？對普世的教會有何貢獻？

對贊成「普世得救論」及「相對主義」的自由派和新正統派的神學家而言，上述問題都不算是問題。因為對他們來說，神學的「多元化」正是他們所追求的目標。但是對較保守的福音派學者來說，上述問題正反映出他們對「處境化神學」的疑慮。因為福音派學者深信，必然有些信仰的傳統，是所有的信徒（不分族裔、國家）所共同持有的，我們應該予以尊重與保留。因此在肯定神學的處境化特質的同時，我

們應該也確認神學有普世性及超越處境的層面。真正好的處境化神學，應該是能兼顧神學的這個「辯證的」(dialectic) 特質[7]。

## 2. 處境化神學「絕對化」的危機

與上述「相對主義」的危機相反的，是將某些特殊時空環境下發展出來的的處境化神學「絕對化」了。正如過去西方宣教士，曾將西方的神學立場予以「普世化」，強迫其他人接受一樣，今天一些第三世界的處境化神學家也在重蹈覆轍。

例如在1980年的墨爾本會議上，拉丁美洲代表強調他們的「解放神學」有普世的性質。這引起亞洲一些國家代表的反彈。他們認為，拉丁美洲的「解放神學」如果用來取代西方的神學，也要硬套在亞洲國家裡是不恰當的。因為亞洲國家所面臨的，是不同的社會狀況與壓迫。

另外一種絕對化的危險，特別出現在「解放神學」及亞洲神學的例子上。正如何光滬在批判宋泉盛的《第三眼神學》、《耶穌，被釘十字架的人民》等書時指出的[8]，宋泉盛過於簡單化及絕對化地將社會階級劃分成兩種人：富人、統治者、上層人士、男人、白人都是一切社會苦難的根源；而窮人、被統治者、下層人士、婦女、有色人種都成了正義的化身。這種過度簡化的劃分，不但無助於人類的和解，相反地會帶來暴力與革命（如文化大革命）。而這種錯誤，許多從事處境化神學的學者，都曾經有意無意地犯了同樣的毛病。

## 3. 如何發展處境化神學的爭議

有越來越多的福音派學者認為，發展「處境化神學」不僅是可行的，也是勢在必行的。當然在作法上、觀念上會與自由派或新正統派神學家大相逕庭的。譬如希伯就曾大聲疾呼，各民族都應該自行發展自己的「處境化神學」，他稱之為「自立、自養、自傳」之外的第四個「自」，或可稱之為「自學」[9]。他認為一個成熟的教會不僅能獨立自主，也應該有能力發展他們自己的神學。但是應如何進行呢？希伯建議首先要瞭解《聖經》與神學之差異，其次要在人的處境中發展神學[10]。

也就是說，首先基督徒要瞭解，《聖經》與系統神學在本質上是完全不同的。《聖經》是記載神所啟示的客觀真理，系統神學是人對客觀真理的**「歸納與解釋」**。因此，從福音派基督徒的立場來說，《聖經》是無誤的，是有絕對權威性的；但是系統神學卻不是無誤、無偏見的。相反地，系統神學卻是被歷史、文化及社會現況所局限的，必然免不了帶有某種特定的眼光，同時也是在反應某些特定的需要及問題。

其次，既然沒有一種神學（包括西方的系統神學）是完全的、是絕對客觀的真理，因此，每個文化或社會，都應該在其處境中發展自己的神學，以用來回應特定處境下的特定問題。例如在中國，「祭祖」是一個特定的社會問題，是必須面對的神學問題。

但是值得注意的是，現在大多由自由派和新正統派神學家所發展的各種「處境化神學」，最為人詬病的，首先乃是缺乏聖經的依據。很多這類的神學是由社會現象或病徵著手，而非由聖經為起點。即便引用《聖經》，也常是以「斷

章取義」的方法，任意扭曲聖經的原意及整體的教訓，以自圓其說。因為自由派和新正統派神學家傳統上對聖經的批判態度，使他們懷疑聖經經文能用來判斷處境。福音對他們而言，不是我們帶給處境的信息，反而信息是由處境所導引出來的。但是我們認為，聖經中的福音信息才是「規範中的規範」。處境固然也是規範之一，卻是引伸出來的 (derivative)，而且應該受福音的批判。

其次，許多「處境化神學」只偏重在特定時空環境下的特定問題，而非以各民族的共通經驗或共同問題為探討重點，使得這些神學固然展現出多元化的特質，卻缺乏普世的價值。但是按照福音派的觀點，在不同文化下發展「處境化神學」的目的，就是要產生一種「超越文化的神學」 (Transcultural Theology) 或「超神學」(Metatheology) 來 [11]。這種「超神學」仍必須是以《聖經》為本位的，是忠於聖經的。但同時它卻是超越文化界限的，其眼光也不是局限在一時一地的特殊處境或問題，而是跨越時空的神學。因此，不同社會及文化下的「處境化神學」，可以彼此對話、彼此學習，以建立一個更整全的，或「全方位」的神學體系。

## 第五節　其他宗教對「處境化」的態度

由於不同宗教對其宗教經典的評價及態度各不相同，因此，對於宗教在不同文化時空環境中「處境化」的必要性及作法，也有很大的出入。在此我們將簡略地介紹日本神道教、印度教、佛教和回教的態度及實例 [12]。

### 1. 日本神道教

日本神道教所代表的，是一種以神話故事為骨幹的宗教，這些神話的來源通常無可考證，但是在人們的心中，它們仍代表著神的啟示。日本神道教所依據的是八世紀左右的《日本誌》等神話故事，大多數學者都同意，那些神話的歷史記錄有許多穿鑿附會之處，目前也很少日本人會很認真地相信那些神明的存在，但是日本人仍習慣性地在節期到神社去頂禮膜拜一番。

在太平洋戰爭期間，日本軍國主義者以「處境化」的方式，將日本天皇與神道教的上古神話故事結合，說服日本人相信天皇是神明的化身，藉此發揮了極大的效用，數以百萬計的日本人為天皇獻身。二次大戰末期，日本「神風特攻隊」的自殺式攻擊，都顯示出這種策略的影響力。但是日本軍國主義者，是如何說服日本的知識份子相信這種狂熱的神話故事的？他們當然沒有嘗試去考證那些神話的歷史性，他們只是巧妙地利用這些神話作為象徵性符號，而引導群眾產生信念。這就是神道教「處境化」的實例。

## 2. 印度教與佛教

印度教與佛教雖在基本教義上有別，但是兩者都強調只有「悟道者」(印度教大師、佛教的禪師或活佛)才能指點迷津，而非透過自己在經典的鑽研可以窺其堂奧。同時，兩者都是包容性極大的宗教。印度教囊括了很多不同的神明、經典及宗教儀式，因此，嚴格說來沒有一個可以明確規範的宗教可稱之為「印度教」，它是一個大雜燴。在某個程度來看，佛教也有類似的特徵。

印度教的經典分成幾種類別，最重要的稱為《吠陀經》

(Vedas，中譯《智論》)，共有四部，都是在公元前1500至500年左右編輯而成的，最具權威性。另外還有一種叫作《經書》(Smriti)，其中又分《法經》、《天啟經》和《家庭經》三大部。這些《經書》不但數量極多，而且可以繼續擴充。佛教的經典也有類似的分類法，分為《經藏》、《律藏》和《論藏》三種。《經藏》是釋迦的教訓，經文都以「如是我聞」開始；《律藏》是釋迦所講的戒律；《論藏》則是註釋、論著等。因此《經藏》與《律藏》的權威性最高，《論藏》則可以隨意添加，永無止境。

但是在印度教與佛教中，這些經典的目的不是要提供客觀的、權威式的知識，而是要幫助人達到「悟」(Enlightenment)的經驗。因此，經典價值是取決於它的實用性、有效性及衝擊性，而不在於其是否為「原著」。由於印度教與佛教的這種特色，使得這兩種宗教在翻譯及註釋經典時，有極大的「自由度」。因此在「處境化」時，那些已經有悟道經驗的大師，幾乎可以隨心所欲地將自己的領受與經驗，添加在翻譯及註釋上，有時甚至與經典原意完全南轅北轍。

日本禪學大師柳田聖山就曾指出，鳩摩羅什所譯的《法華經》有「常好坐禪，在於閒處，修攝其心。」的字句，這與梵語原文完全相反。這在以啟示性經典為主體的基督教或回教人士看來是不可饒恕的錯誤，但是對佛教人士而言，這卻只是「處境化」的運用而已。或許這就是所謂「萬千法門，莫非是佛」的意思吧！

正是在這種精神之下，禪宗才提出「直指人心，不立文字」的主張。禪師在指點門生之時，可以完全隨意發揮，不

受任何的限制。也是因著佛教這種特質，使得佛教在中國可以發展出獨具特色的中國佛教來，但是與原始印度佛教已大異其趣了。

## 3. 回教

在「處境化」的態度上，與印度教和佛教恰恰相反的乃是回教。回教徒們將《可蘭經》視為神直接透過先知穆罕默德所啟示的，是絕無錯誤的。對回教徒而言，《可蘭經》是他們信仰和生活的最高權威，同時，《可蘭經》是不能翻譯為其他文字的，因為他們認為阿拉伯文乃是天上的語言。

正因這些特性，正統回教在處境化方面採取極端保守的態度：任何要接受回教信仰的人，嚴格來說，都必須先學會阿拉伯文及阿拉伯文化。因為《可蘭經》是需要教導、解釋、傳講的，但是不許翻譯。所以目前少數幾種語文的《可蘭經》譯本，都只被視為《可蘭經》的「註釋」，而不是「翻譯」。

不但在經典的翻譯上，回教採取極為保守的態度，在生活上，許多回教徒也採取非常保守的作法。直到今天，許多較保守的回教國家，仍採用一千多年前的回教法律及生活方式。在沙烏地阿拉伯，偷竊的人是要被砍斷手腕的；在伊朗及阿富汗，女人要遮住臉及全身。換句話說，對這些保守的回教徒來說，「處境化」就是回到過去《可蘭經》的時代處境中。

## 第六節　結論與反省

當我們談到基督教與任何文化會通時，我們強調，宣教士在傳揚基督教的福音時，必須使用與當地文化相容的途徑，才能有效地傳播。若將西方式的基督教全盤性地「移殖」到別的文化中，不僅行不通，也會水土不服。但是「本色化」與「處境化」也有其本身的潛在危機，其中最需要提防的，就是為了遷就當地文化，而逐漸失去其原有的特質，最後成為一個「僵死」或「變形」的本色化教會。

一個典型的例子，就是波斯傳到中國的「景教」。波斯基督教的宣教士在唐太宗年間來華，其本色化的程度不能說不深，但在兩百多年後，唐武宗「禁佛」的時候，景教也遭池魚之殃，從此景教在中國被連根拔起，蕩然無存。學者在追究景教失敗的原因時，很多人認為，部份的原因是由於宣教士們在力圖本色化的過程中，犧牲了太多基督教的特色之故。事實上，有一千年之久，中國人一直把景教視為佛教的一支，許多景教的經典甚至被列入佛教《大藏經》之內。直到明末天主教耶穌會教士來華，才從《景教碑》的敘利亞文文字中，看出端倪。這是「本色化」卻導致失敗的實例。

正如華斯(Andrew Walls)所指出的，今天的教會正處於「本色化」與「朝聖化」(Pilgrim)兩個原則的張力之下[13]。「本色化」固然幫助各地的教會自立，但也使地區性教會有陷於各自孤立的危險。「朝聖化」則企圖保持基督信仰的普世性色彩，鼓勵各教會在忠於聖經教訓的前提下，朝向建立合神心意之教會的路上邁進。「本色化」強調「三自」原則，「朝聖化」則強調「普世」精神；「本色化」著重「現世」(this-worldliness)，「朝聖化」則注重「超世」(other-worldliness)。

因此，「本色化」和「三自原則」應該是基督福音在不同文化中廣傳的「手段」，卻不是「目的」；是「途徑」，而不是最終目標。那甚麼才是最終目標呢？許多福音派學者，尤其是那些持尼布爾所謂的「轉化派」立場的人，認為促使文化的「轉化」(Transformation)或「更新」(Renewal)應該是基督教信仰對各個不同的文化，當仁不讓的責任。

---

1 Paul G. Hiebert, **Anthropological Insights for Missionaries,** Baker, p. 195-224.

2 David J Bosch, **Transforming Mission: Paradigm Shifts in Theology of Mission,** Orbis, 1991, p.423.

3 同上，424-25頁。

4 David J Heesssslgrave & Edward Rommen, **Contextualization: Meanings, Methods and Models,** Baker, 1989, p.144-57.

5 **Anthropological Insights for Missionaries,** Baker, p. 183-90.

6 Phil Parshall, "Going Too Far?", in **Perspectives on the World Christian Movement,** edited by Ralph D. Winter & Steven C. Hawthorne, William Carey Library, 1999, p.655-59

7 同上，428頁。

8 何光滬：〈「本土神學」管窺〉，《漢語神學學刊》第二期，1995，156-57頁。

9 **Anthropological Insights for Missionaries,** p. 193-224.

10 Paul G. Hiebert, **Anthropological Reflections on Missiological Issues,** Baker, p.98-100.

11 同上，101-03頁。

12 **Contextualization: Meanings, Methods and Models,** p.130-37.

13 Andrew Walls, "The Gospel as the Prisoner and Liberator of Culture." Missionalia, 10/3 (Nov. 1982): 92-105. 引述自 Sherwood Lingenfelter, *Transforming Culture,* Grand Rapids, MI: Baker, 1992, 16-17 頁。

# 第七章
# 現代化對文化的挑戰

當宣教士進入一個不同的文化環境時，我們必須瞭解：文化不是靜態的，它會隨時隨地變動的。而在今天傳播媒體極為發達的二十一世紀，外來文化的擴散對本地文化的影響是無可抗拒的，其中「現代化」對開發中國家和低度開發國家的挑戰特別顯著。因此身為一個基督徒必須瞭解「現代化」對傳統社會的影響是什麼？我們在宣教事工方面如何面對「現代化」的衝擊？

但是在思考「傳統文化與現代化」這個大問題時，我們將先討論：「什麼」(What)是現代化的要素？然後才再探討：「如何」(How)現代化？

## 第一節　「現代化」的意義與要素

二次大戰後，「現代化」成為中外學術界最流行的觀念，然而如何去瞭解何為「現代化」，迄今仍議論紛紜。很多人仍誤以為「現代化」的社會是由一些外在、有形的事物所堆砌而成的。因此，對一般人而言，「現代化」的指標似乎是：多少人擁有電話、彩電、冰箱、汽車，或是平均國民所得，或是教育水平，或是政府體制。如果以這些標準來看，中東產油國家大概都該列入「現代化國家」之列。但是我想大多數人會同意，其實這些國家離「現代化」還有點距離。那麼到底甚麼才是「現代化」的要素？

有人將「現代化」視為工業化或經濟發展的代名詞。這一看法當然失之偏窄。比較深刻的瞭解，還是來自十九世紀

末、二十世紀初德國的社會學家韋伯的「理性化」觀點。他認為近代西方的發展，其實就是一個「理性化」的趨勢，也就是以人類的理性對自然和社會環境，加以征服並控制所做的種種努力。這種理性的觀點包括「價值理性」和「目的理性」兩方面。「價值理性」是人類理性所共同認可的終極價值；「目的理性」則是依據效果或效率之得失優劣，來評估抉擇。我們也可稱之為「功效理性」。

學者認為歐美近代的科技發展、法律制度、民主政治和資本主義經濟制度，最足以代表這種「功效理性」。同時，也是由於此種理性的精神，我們看到西方近代文明中特有的自我轉化、自我調節的能力。

那麼所謂的「現代化」，其實關鍵在於「思維模式」。基於這種思維模式，許多科技的產品能被發展出來，至終成為現代人的生活必需品。但是，那些有形的事物和制度，都只是「現代化」的「果」，而不是它的「因」。而且那些擁有現代用品的人，並不代表他們的觀念及思想已經「現代化」了。那麼什麼才是「現代化的思維方式」呢？對此北大趙敦華教授曾有簡要但精闢的分析[1]。他認為「現代化思維」的特徵是：

(1)以「自我意識」代替「神聖主體」；
(2)以「工具理性」排斥「思辨理性」；
(3)以「科學經驗」判斷「感情經驗」。

依據趙敦華的分析，「現代化」是「世俗化」的過程。在這個過程中，自我意識引發了追求自由、民主、人權的運動，工具理性帶來了迷信「理性」的「理性宗教」，注重科

學經驗也產生了「實證主義」和「科學主義」。現今中國社會無疑地已具備某些現代化社會的特質，但在「自我意識」方面，因受封建社會及中國傳統文化的影響，顯得較為薄弱，也是有待加強之處。

然而趙敦華也指出，「現代化」一方面帶來了社會物質的進步，但也同時帶來了精神空虛、道德低落的弊端，而造成「後現代主義」的興起。因此在1970年代之後，歐美社會已被「後現代性」(Post-Modernity)所超越。但是這種富有遊戲精神的「後現代主義」，是一種非穩態的文化型態，至終將再度被超越，甚至被基督教所超越。

中國目前仍處於「前現代化」的階段，因此特別關注「現代化」的問題，但是後現代主義者對「現代化」的批判，也是值得中國知識份子注意的。希望中國在邁向「現代化」的過程中，能避免一些現代主義的「迷思」(Myth)，例如過份迷信「理性」與「科學主義」等。

## 第二節 「現代化」對傳統農業社會的挑戰

從另一個角度來看，「現代化」對中國的挑戰，不僅是個人思維方式的改變，也是社會結構的變遷。與傳統的社會相比，現代化的社會有「工業化」和「都市化」兩大特徵。而中國的傳統社會，乃是農業社會。歐洲國家由農業社會過渡到現代社會，經過了兩百多年的調適，中間還經歷了許多慘痛的經驗。而中國及其他許多開發中國家卻希望在短短的數十年中，完成這件「壯舉」，其將付出的代價是鉅大的。我們可以比較工業社會與農業社會特質的差異如下：

|  | 農業社會 | 工業社會 |
|---|---|---|
| 家庭單位 | 大家庭 | 小家庭 |
| 人口流動率 | 極低 | 極高 |
| 主要群體關係 | 家族和鄉里 | 公司和工廠 |
| 倫理關係重點 | 家庭倫理 | 工作倫理 |
| 人際關係 | 緊密而固定 | 疏離而流動 |
| 道德之維繫力量 | 群眾的壓力 | 法律的制裁 |
| 行為之抉擇 | 個人導向 | 群體導向 |

　　「工業化」對社會的影響是極大的，它徹底地改變了原有農業社會的人際關係。譬如說在農業社會常見的「三代同堂」和「世居故里」現象，在現代社會已很少見了。過去關係最密切的鄉里「父老親友」，現已不如工作單位的「同志」重要了。原來做壞事怕人恥笑，現在則認為「只要我喜歡，有甚麼不可以？」所以在快速轉型的社會，極容易發生「脫序」或「亂套」的現象。因為社會結構的改變，使得原有的倫理法則不管用了，大家共同的感覺是：「社會亂了！」

　　因此，這種現代的工業社會對中國農業社會的傳統倫理道德，構成了極大的挑戰。中國原來以「孝」為中心的家庭倫理，如今在現代社會的小家庭制度及工作流動率極高的情況下，變得窒礙難行。相對的，現代社會所需要的「主僕關係」、「職業道德」等工作倫理，在中國傳統文化中，又付諸缺如。另外過去儒家的道德在中國之能發揮極大的作用，除了係以「教化」來發揚個人「良知」的功能外，還得藉助「十目所視、十手所指」造成的群眾心理壓力，以防止人作奸犯科。但在人口流動率高、人際關係疏離的現代社會，群體意識很淡薄，道德約束力也就大減。因此就導致於

犯罪率大增，社會風氣大壞。

　　除了「工業化」帶來的衝擊外，「都市化」是現代化對社會造成的另一大威脅。事實上，「都市化」是「工業化」的後遺症，特別在第三世界國家或開發中國家，由於工作機會集中在都市，因此「都市化」的情形最明顯，情況也最嚴重。依據預測，到公元2000年，全世界人口最多的十大都市如下：

|  | 人　口 | 貧民窟人口比例 |
|---|---|---|
| 墨西哥 | 2千6百萬 | 46% |
| 聖保羅(巴西) | 2千4百萬 | 7% |
| 東京/橫濱 | 1千7百萬 | ? |
| 加爾各達(印度) | 1千7百萬 | 67% |
| 龐貝(印度) | 1千6百萬 | 45% |
| 紐約/紐澤西 | 1千5百萬 | ? |
| 漢城 | 1千4百萬 | 29% |
| 上海 | 1千4百萬 | ? |
| 里約熱內盧(巴西) | 1千3百萬 | 30% |
| 德里(印度) | 1千3百萬 | 36% |

　　從上表來看，前十大都市中，只有東京及紐約兩個在已開發國家；而在前二十大都市中，也只有三個在先進國家(另一個都市是洛杉磯)。而且越落後的國家，人口越集中在大都市。中國除了上海之外，名列前茅的還有北京(1千1百萬)及天津(9百萬)。另外，值得注意的是，大都市貧民窟人口比例極高。除了聖保羅及二個沒有統計數字的都市之外，其它六個大都市的貧民人數都在30%到67%之間。這是因為鄉村的「盲流」不斷湧入都市尋找工作，最後都寄身在貧民窟裏。這不但會造成治安問題，也對國家及社會構成

極大的壓力。這是落後國家在現代化過程中不可避免的後遺症，如要解決「都市化」所帶來的困境，需要智慧與愛心，這就是宗教發揮影響力之處。

因此，當現代化的浪潮席捲世界各地後，理性化、世俗化、工業化和功利主義，已成為舉世追求的目標。傳統的制度與價值都受到了根本的摧毀。而且只要現代化繼續發展下去，這個潮流就無法遏止。

## 第三節　中國文化在現代化過程中所表現的缺失

當前中國正在積極推動「四個現代化」的政策，許多民運人士則熱烈鼓吹民主與政治體制改革這個「第五個現代化」。其實一百年前的「洋務運動」、「自強運動」不也是要引進高科技嗎？「維新變法」不也是要引進新體制、新法律嗎？我們可能忽略了更根本的「第六個現代化」—就是「心理的現代化」。換句話說，我們在邁向現代化時，只注意到引進一些外在的現代形式—例如科技、制度、法規等，卻忽略了將群眾教育成為「現代化的國民」。

譬如以許多人引以為傲的「台灣經驗」為例。台灣被公認是已經現代化的社會，特別在經濟方面，的確有值得稱道之處，這是尹仲容、李國鼎等人高瞻遠矚的遠見，加上正確的政策所造成的成果。但在政治方面，則出現矛盾的現象：一方面言論自由的尺度寬鬆許多，人權也受到較多的尊重；可是另一方面民主政治的表現卻令人失望，寡廉鮮恥的政客充斥於政府和議壇上，政治「惡質化」和「金權化」的趨勢每況愈下。幾乎所有民主政治的缺點，在台灣政壇全部赤裸裸地表現出來：國會議員公然打架，喧騰國際之間成為笑

談；高級官員只會爭功諉過，從不會引咎辭職。當然全世界沒有完美的政府，我們也不能過份醜化台灣政壇。但是公平地來說，至少以一個以「禮義之邦」為傲的社會而言，我們不能不感到汗顏！

同時，台灣選舉「買票」之風難以禁絕，因為人民道德意識薄弱，他們認為「不拿白不拿」。甚至認為拿候選人的錢不算「不道德」，但是拿人的錢卻不投票給他才是「不道德」！凡此種種亂象，固然可以歸因於「民主素養不夠」，或「教育水平不夠」（事實上台灣平均教育程度並不低於歐美日等國），但是我們也必須坦誠地自問：為何我們人民的道德意識如此薄弱？

我們深信，問題不是民主制度本身不好，也絕不能說中國人有「奴性」，不適合民主政治（這是近乎作賤中國人的話！），問題出在人民心中缺乏有自制力的道德意識。然而沒有自制力，「民主政治」將變成「暴民政治」，「自由」也將造成人慾橫流的藉口，社會也將淪為人間地獄。換句話說，台灣雖然在經濟上、科技上、甚至在政治上已達到所謂「現代化國家」的標準，但是台灣人民卻還未「現代化」！

中國傳統文化在過去兩千多年來，已經被證明是一個相當有包容力、穩定性與再生力的文化，這使得中華民族在歷史的潮流中挺立不動。但是如今中國社會在「現代化」的洪濤駭浪中，似乎有點搖搖欲墜的樣子。不可否認的，中國文化正面臨空前的挑戰，而中國傳統社會的弱點，也從未像此時此刻那樣明顯地曝露出來。

用通俗的說法，在現代化的衝擊下，中國傳統文化的缺

失，或許可以借用毛澤東的一句話來形容，那就是：『和尚打傘，無髮(法)無天』。我認為，從某個角度來說，這句話可以相當傳神地表達出中國傳統文化的缺失，也就是「無法」(缺乏法治精神)和「無天」(缺乏超越的上帝)。

## 1.「無法」—缺乏「法治精神」

中國社會的第一個缺失就是「缺乏法治精神」。當代中國知識份子都注意到，海峽兩岸的中國社會一直到今天，基本上仍然是「人治」的社會，而非「法治」的社會。因此在台灣流行的話是：「立法從嚴，執法從寬。」；大陸的順口溜則是：「上有政策，下有對策。」在中國人的心目中，「法」是死的，「人」是活的。所謂「法律的神聖性」觀念，對中國人而言，根本是不存在的。因此，同樣的法律和制度，很可能從西方國家一搬到台灣或大陸，就全變了樣了。

很多學者指出，中國傳統文化中本來並不缺乏法治觀念，但自從漢朝提倡「罷黜百家、獨尊儒家」的政策後，「法家」的思想就被壓抑了，甚至常是批判的對象。當然正如許多人說的，自漢以後，歷代朝廷其實都以「陽儒陰法」的方式統治中國，像韓非子的「三綱」之說，也成為中國傳統「三綱五常」倫理的一部份。但是，像法家所強調的「王子犯法，與庶民同罪」，在中國歷史上很少實施過，即便有，也是極為罕見的特例。

另一方面，牟宗三也指出，先秦法家思想的法治，與西方近代的民主制度中的法治精神根本不同[2]。現代化的民主制度中的法治精神，其基本意義就是司法獨立，並承認基本人權。但是先秦法家所謂的「法」，不是根據承認基本人

權，或依據憲法而來的法，而乃是治道上的法，吏治上的法（即所謂的行政命令）。

西方國家的法治觀念，一來是源自於羅馬文化的精神，二來是由於猶太─基督教的思想。在猶太─基督教的觀念中，法律上的「約」(Covenant)是極為神聖不可輕犯的，因為神與人「立約」。聖經的許多作者，常在描述神的性格時，說祂是「守約施慈愛」的神。更特殊的是，那本基督教、天主教通用的聖經被稱為《新舊約》聖經，係用法律的名詞來稱這部宗教經典。凡此種種都說明基督教是非常重視法律的，而且視法律為神聖的，因為神是「信實」的，祂也尊重祂與人所立的約。

同時，猶太─基督教是有「神權政治」的背景的。遠在以色列國建國之前，率領以色列人出埃及的摩西，就警告以後要作王的人，要「誦讀神的律法書，並謹守遵行」(申17:18-19)。而第一位君王掃羅於公元前一千多年登基時，先知撒母耳就提醒他要順從神(撒上12:14)。撒母耳及以後的先知們，都曾嚴厲地當面指責在位的君王。雖有先知因此而殉道，但針貶時政卻成為先知的角色與職責。因此，在猶太─基督教的信仰中，君王與庶民只是角色的不同，而非價值或權威的不同。在神的客觀真理(即《聖經》)之下，人人都得順服，沒有人可例外。這就是美國獨立宣言中提到的，「在上帝面前人人平等」的觀念。

所以在君士坦丁大帝歸信基督教之後，就曾有多次西方君王屈服於教會權柄之下的例子。如第四世紀末的安波羅修主教，因羅馬皇帝狄奧多西屠殺帖撒羅尼迦數千無辜百姓，不准皇帝領聖餐，迫使皇帝公開認罪。因此，在西方國家

「君權」不是無限大的，乃在「神權」之下。中古世紀時期神權的代表是羅馬教廷或教皇，到了十六世紀宗教改革之後，神權的代表則是聖經。因此，聖經的教訓和原則，成為王公貴冑以至於販夫走卒共通的道德基準。只是聖經的解釋及如何運用在現實生活上，就成了重要的問題。因此自宗教改革初期，加爾文統治日內瓦開始，就由民眾代表實施「立法權」來共同決議，這是民主政治的先聲。

因此，在這樣的背景下，西方國家繼承了羅馬帝國的法律和制度，又藉著基督教的薰陶，強化了他們的法治精神。所以，像美國總統尼克森，因說謊袒護部屬而被迫下台的事件，只會發生在重法治的西方國家。在中國社會，這種事情不過是「小事一樁」，大概不會影響身居高位的執政者吧！

此外，中國文化中「人治」色彩濃厚，或許與儒家的道德理想主義有關。儒家認為，道德實踐很困難，因此冀望少數人可以克服困難，成聖成賢。而聖賢一旦出現，就應該把權力交給他，讓他做統治者。這就是「內聖外王」的觀念，也是他們解決政治的基本途徑。由於儒家對於人性黑暗面的感受與反省不夠深，忽略了人享有權力之後墮落腐化的可能性，因此這個「內聖外王」的理想，在中國歷史上從未曾實現過，而民主政治也無法在此氛圍下展開。

相反地，基督教對於原罪的觀念，使西方國家對於人性中的陰暗面有深刻的認識和警覺。英國阿克頓爵士曾說：「只要有權力就會腐化，絕對的權力也絕對會腐化。」因此西方國家對人性的看法是現實的。惟其如此，它才能就外在制度上，求防範、求約束。在這一點上，西方國家發揮了極高度的政治智慧。也因此，西方國家能夠一步一腳印地逐步

走出一條民主政治的康莊大道來。

## 2.「無天」—缺乏超越的上帝

中國傳統社會的第二個缺失是，對外在而超越的上帝(也就是西方概念中的「創造之神」)觀念極為模糊甚至近乎否定。有關於中國古籍《尚書》、《詩經》等書上之「天」或「上帝」，究竟是否等同於猶太—基督教的「造物主」的問題，自利馬竇以來，一直是爭論不休的問題。有一些基督教人士及天主教神父認為，周朝以前的「天」與「上帝」和猶太—基督教的「神」很類似。但也有很多中國學者認為，這種「比附」是一種曲解。姑且不論在先秦以前的古人究竟是否有「造物主」的概念，至少絕大多數的學者們同意，這種「神是造物主」的觀念，自儒家興起之後，已越來越淡薄，甚至近乎絕跡了。

以孔子來說，對猶太—基督教概念中的「神」，他幾乎可算是個「不可知論者」。他「不語怪、力、亂、神」；對死亡之後的事，他認為：「未知生，焉知死？」；他對鬼神的態度是：「敬鬼神而遠之」。他是務實的人，他重今世而輕來世；對鬼神之事，他不置可否。與孔子相比，孟子近乎「神秘主義者」，荀子則接近道家的「自然神論者」。後來在兩漢時期，陰陽五行之說盛行，「天」的觀念又退回到原始宗教的「精靈崇拜」裏去了。到了宋儒，則進一步將「天」轉化為人內在的「天性」，因此他們已近乎「無神論者」。

只是在儒家的「大傳統」之外，魏晉之後的平民百姓，受佛道兩教的影響，卻生活在滿天神佛、遍地鬼魅的「小傳統」中。可是，總的來說，中國人傳統上對於「是否有一位

創造宇宙的獨一真神？」之問題，大部份不是採取多神論的立場，就是傾向於無神論，很少是「獨一神論」的。

在這樣的環境下，中國人缺乏一種對「外在的、超越的、創造的」神之概念。因此中國人尋求的是一種「內在的超越」，而非「外在的超越」；是「自力式」的拯救，而非「外力式」的救贖；是循環不已的自然界之「道」，而非匠心獨具的創造主之「旨意」。這種宇宙觀的差異，也導致中國和西方國家，在科學發展及倫理道德實踐上的不同。

在科學發展上，英國的中國科學發展史權威李約瑟認為，宋朝之後中國的科學發展一直是緩慢前進，卻無法像西歐於十六、七世紀一樣突飛猛進，是肇因於中國人沒有「造物主」的觀念，以致於缺乏尋根究底的科學精神[3]。西方人由於堅信有位造物主以精心巧思創造世界，因而他們以傳道者研究《聖經》的熱誠，去研究另一本「天書」(就是大自然)。這種信念在英國清教徒科學家中特別明顯，因此在十七、十八世紀，包括牛頓在內，幾乎大多數英國皇家科學院的院士都是清教徒。

另一方面，由於缺乏「外在超越」的神之概念，中國的道德倫理容易在應用上產生僵化和種種偏頗的現象。在五倫關係中，由於沒有超越人間之上的神，所以很自然會將「君臣」和「父子」等關係絕對化了，提倡「君要臣死，臣不得不死；父要子亡，子不得不亡。」的說法。這種「愚忠」、「愚孝」的行動，不但造成「禮教吃人」的結果，甚至會產生「造神運動」，將人間的君王塑造為無誤的「神明」。所以在文革期間，數億人民每天「早請示、晚匯報」地向毛主席相片行禮如儀，這在無神論教育下的中國，不能不說是個

異數！

　　相對的，基督教的倫理觀是以神為中心、為參考點的，所有的倫理規範都必須在這個絕對真理之下被檢驗、受修正。因此，聖經《以弗所書》第六章提到：作兒女的，要「在主(基督)裡」聽從父母；作父母的，要按照「主的教訓和警戒」養育兒女；作僕人的，要甘心服務，好像「伺候主」；作主人的，也要公平地待僕人，因為「主」在天上察看。換句話說，基督教雖也有與中國傳統相似的倫理關係，但所有的人都得向神負責，沒有任何人擁有絕對的權柄，也沒有人可以濫權。

　　進一步來說，中國傳統的多神或泛神宗教觀念，因缺乏明確而絕對的道德觀念，所以在宗教學上被稱為「非道德性宗教」(Amoral Religions)。在台灣，選舉時斬雞頭，在神明前賭咒發誓，都可以輕易地用法術予以化解，況且「有錢能使鬼推磨」的觀念深植中國人的心中。在這樣的宗教文化氛圍中，要達到清廉公正的民主選舉，是非常困難的。

　　由此看來，「無法」、「無天」是中國社會的特徵，也成為我們邁向現代化的絆腳石。因此，當我們談到基督教與中國文化的會通時，我們必須思考如何在這兩方面來補中國文化之不足。

## 第四節　基督教與中國現代化

　　目前中國正全力地推動「四個現代化」，因此有關「現代化」的種種課題就都成了熱門話題。 1994 年 10 月 10 日至 14 日，中國社會科學院世界宗教研究所特別與愛德基金會合辦了「基督教文化與現代化」的國際研討會，會中熱烈

討論了基督教與現代化關係中各方面的問題。可見有越來越多的知識份子關心這個問題，而且從文化更新的角度來看，我們也的確該問：基督教的思想和人生觀適合現代社會嗎？對促進現代化能有貢獻嗎？本節擬先從歷史的回顧來回達這些問題，再由前瞻的方式來嘗試提出一些思考及回應。

## 1. 基督教在清末民初對中國現代化的貢獻

關於中國在清末民初逐步邁向現代化的過程中，基督教究竟是否有所貢獻？是一個見仁見智的問題。有些學者認為，基督教和天主教的傳教活動，基本上是屬於一種「文化侵略」，而且宣教士們所宣揚的，是違反科學的「迷信」，所以對中國的現代化可以說「過大於功」。然而另外有些學者指出，在引進現代科技、建立現代化教育、傳播民主思想、消除封建迷信等方面，基督教的貢獻是有目共睹，也是不可抹殺的。然而正如金陵神學院陳澤民院長所指出的 [5]，這種正面的評價，有時也會有誇大、失真之處。因此，我們需要慎重地依據史實，來正確地評價基督教過去對中國現代化的貢獻；同時，我們也應探討基督教未來在中國面對現代化的問題時，所將面臨的挑戰與所應扮演的角色。

談到過去在中國邁向現代化的過程中，基督教所提供的貢獻，已有許多專門著述討論這個問題，現在只能摘要地列舉一些重要的部份，簡略地介紹一下。有興趣者可自行參閱各種專著 [5]。

### (一) 教育方面

基督教對中國現代化教育的貢獻，王忠欣在《傳教與教

育》一書中，已有詳盡的說明 [6]。總的來說，基督教在十九世紀為中國提供了現代化教育的觀念、師資及學校，進入二十世紀後，教會大學依舊是中國高等教育的主體部份，且位居領導地位 [7]。在中華民國成立之初，基督教和天主教一共開辦了一萬兩千多所學校，學生人數約二十五萬人，與官立學校學生比例約為一比六，比重很高 [8]。在高等教育方面，在1921年時，公立大學只有三所，私立大學有五所，教會大學卻有十六所之多。因此在1919年第一次世界大戰後，赴歐參加巴黎合約談判的中國代表團中，絕大多數的團員係出身於教會學校，其中有三分之一是基督徒！可見在早期基督教和天主教對培育中國的人才方面，有很大的貢獻。

當然，後來隨著官辦學校的增加，教會學校的比例逐漸降低，但是教會學校的影響力（尤其在高等教育方面），仍然是不可忽視的。透過教育，教會協助中國引進了新的科技，提昇了醫療的水準，建立了現代化的基礎。因此，無論怎麼說，基督教和天主教在中國的教育方面，投入了龐大的人力及財力，也為中國的現代化提供了巨大的貢獻。

## (二) 醫藥方面

中國的現代西方醫藥技術，也幾乎全是由基督教和天主教的宣教士引介到中國來的。1889年時，中國的教會醫院有61家，病人達35萬人。但是最重要的是，中國近代的醫療技術是由基督教傳教士，以及他們所創立的醫學院所培養出來的。1900年以前，全中國所有的西醫，都是由基督教辦的醫學院畢業的，甚至到了1930年，還有十分之一的醫學院畢業生是來自教會學校 [9]。

不但中國近代的醫術和藥學是由傳教士所引進的，這些基督徒醫生還樹立了優良的傳統，表現出仁心仁術的典範。例如台灣彰化的蘭大衛醫生，為搶救一位嚴重燙傷的男童，勉強接受蘭醫生母親所自願捐出的大塊皮膚，將之移殖到男孩的身上，挽救了他的生命。像這種可歌可泣的例子在傳教士醫護人員中不勝枚舉。

## (三) 科技方面

自利馬竇開始，宣教士們就在引進西方科技方面扮演極重要的角色。近代的數學、天文、物理、化學等，無不是由這些宣教士介紹到中國來的。甚至到清朝康熙皇帝驅逐天主教教士離開中國時，他還留了一些教士擔任朝廷的「欽天監」，負責星象與天文的工作。事實上，直到清朝被推翻為止，清朝歷任的欽天監，大多是天主教的教士。

到清朝末年，為了推動洋務運動而設立的江南製造局，其中有許多的教席，都是由基督教傳教士擔任，其中最有名的是林樂知(Young John Allen)、李提摩太等人。同時，他們還利用報紙(即《萬國公報》)來介紹新知，並翻譯大量西方重要科技書籍，對我國科學的發展，居功甚偉。事實上，在我國留學生於1920年代開始陸續返國之前，這些西方傳教士對中國引進現代科技，扮演了極重要的「媒婆」角色。

## (四) 政治方面

在這方面，學者的意見很分歧，主要是牽涉到宣教士與帝國主義之間的錯綜複雜關係。有人認為基督宗教是隨著砲艦進入中國的，因此基督教的傳教士和中國信徒，都是帝國

主義的「走狗」。這種「一竿子打翻一船人」的簡單論調，是經不起嚴格的歷史考證的。公平的來說，的確有部份傳教士有挾洋欺人之嫌，其中以天主教引起的國際糾紛較多。然而基督教的各宣教團體，因受內地會戴德生的影響，在大部份情況下，多不向本國政府申訴 [10]。如義和團之亂時，內地會有58位傳教士被殺，但內地會仍拒絕清廷對生命及財產的賠償。所以不能一概而論的說傳教士仗勢欺人。

另一方面，不容否認的是，民主思想及現代國家的組織及運作，都是由傳教士們介紹到中國來的。例如林樂知於1875年發表於《萬國公報》的的〈中西關係略論〉，積極鼓吹變法維新，經多次再版流傳很廣，對戊戌維新運動產生了「催生」作用。王樹槐在所著《外人與戊戌變法》一書中，特別提到《萬國公報》對批評時政與推動變法之深遠影響 [11]。但是值得注意的是，康有為、梁啟超等人雖不否認在思想上曾受到《萬國公報》等基督教報刊的啟發，然而並不代表他們對基督教整体有好感。相反地，康有為晚年極力推行「孔教」，梁啟超對基督教也常有嚴厲的批評 [12]。

民國成立前後，基督教對推翻滿清的專政，建立民主的中國，也有很大的貢獻。許多革命黨人本身即基督教徒，除孫中山先生外，第一位犧牲的革命烈士陸皓東也是虔誠的基督徒。而參加廣州之役而殉難的「七十二烈士」之中，僅僅依職業來看，就有十幾位是基督教的牧師或傳道人 [13]。當時基督徒在中國人中比例極少，而有這麼高比例的傳道人參與「革命」，是令人感到驚訝的。不僅如此，當時有些教會以各種方式，或明或暗地支持革命黨的活動。因此在民國成立之初，基督教與國民政府間，曾有段非常友好的關係。

　　但是到了五四運動前後，不僅傳播民主思想的工作，已由更激進的中國人所辦的報刊所取代。而且由於反傳統的思潮也波及到基督教，以至於基督教在中國，忽然間由現代化的「前衛性」角色，一下子變成妨礙現代化之「守舊」、「落伍」的象徵。這種轉變是很有反諷意味的。因為，在那種愛國心切的氣氛下，基督教除了提供人權、自由、平等、博愛等基本概念之外，似乎拿不出具體可行的「救國方案」來，因而就被知識份子棄之如敝履。

## (五) 社會改革方面

　　如眾所週知的，在清朝末年，由於朝廷腐敗、民生凋敝，基督教和天主教在社會慈善工作方面——如孤兒院、醫院、養老院、殘障救濟等，主動承擔了許多責任。甚至到對日抗戰前，這些由西方教會出錢出力支持的慈善事業，仍在中國扮演舉足輕重的角色。另外，在破除不良的社會習俗及舊道德方面，基督教也是貢獻很多。例如外國傳教士與山西秀才席子直推動的「戒煙運動」[14]，民國時期晏陽初的「平民識字運動」[15]，都是極為成功的例子。其它像納妾、纏足等封建遺毒，都是由於傳教士們的大聲疾呼，才開始引起社會的注意及反省。

　　當然，客觀的來說，最後這些惡習的根除，並不完全是基督教單方面的功勞。五四運動以來，知識份子嚴厲的批判(例如魯迅、老舍、巴金等人的小說)，以及1950年代之後海峽兩岸政府的大力推行現代化教育，才是扭轉乾坤的決定性因素。但是，基督教在清末民初之際，能開風氣之先，展開對這些封建時期的舊習俗的批評，對中國「民俗現代化」方面的助力，仍然不容抹殺。

　　從上述的五個方面來看，基督教在中國邁向現代化的初期，的確有很顯著的貢獻，特別是扮演了「催化劑」或「紅娘」的角色，引介了許多西方教進步的科技、制度、習俗和觀念，因而推動了中國的「現代化」這個大雪球。但是到了1920年代，當「現代化」的雪球開始滾動之後，似乎越滾越快，感覺上基督教好像反而落後了，只能在後面窮追猛趕，希望也能搭上「現代化」這班列車。

　　因此，五四運動似乎是「中國現代化運動」一個重要的分水嶺。在這之前，基督教被視為「西方文明」的代表，在與中國保守的傳統文化抗爭的過程中，基督教被視為推動「現代化」的「先驅」，是代表較先進的思想。在五四之後，許多留學歸國的中國知識份子，受到二十世紀初西方的科學主義、馬克思主義、理性主義的教育與影響，並以這些觀點來批判基督教。基督教因此被描述為妨礙「現代化」的「累贅」[16]。直到今天，許多中國知識份子在論及基督教與現代化的關係時，基本上仍延續五四時代的論調。

　　何光滬曾分析1920年代中國知識份子這種一方面熱情歡迎「德、賽」二位先生，卻又將其介紹人視為仇敵的矛盾心理[17]。他認為係「民族主義情結」造成了認識的障礙與矛盾，因為中國這個長期封閉的社會，在面臨外來衝擊時會產生過度的自保反應。所以1920年代「非基同盟」的激烈反基督教言論，與義和團的「滅洋」暴力，幾乎是在同一水平上的。基本上，何光滬的見解是很正確的。因此，要談到未來中國現代化與基督教的關係時，我們要竭力避免這種「民族主義情結」，以免犯了五四時代相同的錯誤。

## 2. 基督教未來對中國現代化的影響

在許多討論基督教與現代化的文章中，有一些中國的基督教三自教會人士顯然模糊了焦點。一來他們未能認清中國現代化應有的重點是什麼，二來他們沒有也看出現代化對中國社會的衝擊是什麼，最後他們對基督教及教會的獨特角色也認識不清或沒有把握。例如闕保平在〈現代化對教會的挑戰〉一文中，消極地指出基督教文化永遠不會主導中國文化，基督教在中國所能做的，「就是為社會主義中國的建設作貢獻」[18]。他沒有說明如何作貢獻，該不是搞合資企業吧？另外陳澤民則很謙虛（或心虛地）地說，中國教會只求能在現代化的過程中生存下去，當然不敢說對實現「現代化」的目標能有甚麼貢獻[19]。

但是相反地（也是反諷地），連一些非基督教界人士，都對基督教有很正面的看法。譬如中國社科院的卓新民認為基督教的原罪觀、拯救觀、超越觀、終極觀和普世觀都能對中國社會現代化有貢獻[20]。同屬社科院的何光滬則對基督教可以矯正現代化過程中的某些弊病感到樂觀[21]。北大的趙敦華則認為，基督教不但能超越世俗的「現代性」和「後現代性」，為價值規範提供神聖保障，而且能將神聖文化與世俗文化融匯成一種新的文化類型[22]。

我的看法與卓新民、何光滬、趙敦華等人較為接近，因為我們都認為，中國現代化關鍵性的問題是在於「國民性」能否現代化的問題。而在這方面，基督教當然有可借鏡之處。畢竟「現代化」是首先發生在基督教氣息濃厚的西方國家，而且基督教在西方國家(尤其美國)，仍舊扮演著極重要(雖非獨佔性)的角色。至於那一些基督教的觀點可以補充或

轉化中國文化面對現代化時的缺失,將在下一章詳細討論。

除此以外,在實際工作上,基督教與天主教至少還可能在「平民教育」方面,對國家現代化有所貢獻。如眾所周知,中國迄今仍有三億多人口係文盲或半文盲,這對於國家現代化將構成極大的阻力。由於數千萬的基督宗教信徒大部份遍佈在農村,其中多半就是文盲或半文盲,如能透過教會開辦「識字班」,並施予各種的教育(特別是現代化的生活觀),則將對中國現代化提供不少助力。

事實上,歷史上就有一個成功的實例。十八世紀末由衛斯理(John Wesley) 所領導的「循理會運動」(Methodist Movement),在英國影響了數十萬人歸信基督教,其中大半的信徒都是不識字的礦工、農夫和工人。因此衛斯理要求他轄下的數千家教會,在每個星期天下午開辦「主日學」,其實就是「識字班」,用的課本就是《聖經》,這就是今天一般教會「主日學」的由來。多年後,循理會的信徒不但都識字了,他們也都成為優秀的好公民,很多更昇格為中上階層的人士。這在英國「工業革命」的初期,對英國社會貢獻極大,是歷史家所公認的。

因此,基督教不僅曾在十九世紀末、二十世紀初,中國邁向現代化的初期,曾扮演了「媒介」的角色,還將可在二十一世紀,中國進入現代化的關鍵性階段,提供具體的貢獻,特別是在培育「現代化的國民」方面。

---

1 趙敦華:〈超越的循環:基督教、現代性和後現代性〉,《維真學刊》,1995 第三期,23-31 頁。

2 牟宗三：〈中國傳統思想與西方民主精神之匯通與相濟問題〉，《文化傳統的重建：中國文化的危機與展望》，周陽山編，時報出版公司，1982 年，第 270 頁。

3 相關的討論請參閱周小安著之〈創造論傳統在歐洲近代科學革命中的作用：兼論近代科學為何未發生在中國〉《維真學刊》(1994年第二期)，13-24 頁，及本人所著之〈基督教與近代科學發展〉《海外校園》(1993 年 2 月)，22-23 頁。

4 這是陳澤民發表於 1994 年 10 月「基督教文化與現代化」國際學術研討會上，後刊載於〈中國基督教會面對現代化的挑戰〉，《金陵神學誌》(海外版)，第 21 期(2/1994)，19 頁。

5 例如林治平：〈基督教與中國現代化〉，《基督教與中國論集》(台北，宇宙光出版社，1993)；魏外揚：《宣教事業與近代中國》(台北，宇宙光出版社，1978)。

6 王忠欣：《傳教與教育──基督教與中國近現代教育》，基督教與中國文化叢書(溫偉耀、陳榮毅主編)，加拿大福音証主協會，1996。

7 同上，276 頁。

8 同上，188 頁。

9 同上，248 頁。

10 Paul A. Cohen:〈戴德生與李提摩太宣教方式之比較〉，98 頁。

11 王樹槐：《外人與戊戌變法》，台灣中央研究院近代史研究所，1965。

12 詳見 Chi-yun Chen 著(周如歡譯)〈梁啟超與基督教教育〉，收集在《基督教入華百七十年紀念集》(林治平編)，台北，宇宙光出版社，1977，161-200 頁。

13 這是我憑記憶，在台灣商務印書館所出的《人人文庫》中一本論及「黃花崗七十二烈士」的書中所見，書中列出每位列士之籍貫及職業。但因手頭無該書，很抱歉無法舉出原著之書名、作者及出版時間。

14 請參考林治平：〈基督教傳教士與中國禁煙運動〉，《基督教與中國論集》，367-388 頁。

15 魏外揚：〈平民教育的先驅──晏陽初〉，《他們寫過歷史》(台北，宇宙光出版社，1993)

16 有關中國知識份子對基督教態度之轉變，可參考呂實強著〈近代中國知識份子反基督教問題的檢討〉，收存於《基督教入華百七十年紀念集》(林治平編，台北，宇宙光出版社，1977)，275-297 頁。

17 何光滬：〈基督教與中國現代化〉，《維真學刊》，1995 第三期，41-51 頁。

18 關保平：〈現代化對教會的挑戰〉，《金陵神學誌》(海外版 21 期，2/1994)，26 頁。

19 陳澤民：〈中國基督教會面對現代化的挑戰〉，《金陵神學誌》(海外版 21 期，2/1994)，19-22 頁。

20 卓新平：〈基督教對中國社會現代化的意義〉，《維真學刊》(1995 第三期)，32-40 頁。

21 何光滬：〈基督教與中國現代化〉，《維真學刊》(1995 第三期)，48 頁。

22 趙敦華：〈超越的循環：基督教、現代性和後現代性〉，《維真學刊》(1995 第三期)，30 頁。

# 第八章
# 中國文化的特質與危機

　　中國的文化源遠流長，其主流以儒、道、佛三者為主，這是不容置疑的。但是要討論中國文化的特質，則得從文化的「深層結構」來看。文化的表層，也就是藝術、文學、風俗等層面，這是文化的表現，也是人人都看得見的部份。文化的深層結構，則是由價值觀和信念所構成的人生觀與世界觀，這是內在的，是不自覺的，但也是最重要的部份。我們將從這深層結構方面，來探討中國文化之特色。

## 第一節　中國文化的特質

　　當代儒學大師牟宗三認為[1]，中國文化的特質是它首先把握「生命」，而西方文化泉源之一的希臘則首先把握「自然」。因此中國的古聖先賢強調以「正德」或「修己」來對付自己的生命，以「利用厚生」或「安百姓」來調護、安頓人民的生命。因此，中國文化裡之注意生命把握，是一種道德政治的把握。

　　但是金耀基則指出[2]，中國文化傳統其實包括許多不同的質素：先秦以來的儒、法、道、墨，以及隋唐以來的佛，乃至明清以來的西方思想，都是構成中國思想行為的源頭活水。它們在中國政治、文學、藝術、宗教等各方面發生不同程度的影響。因此，中國文化傳統具有多樣性與異質性。

　　當然，自從漢朝罷黜百家，獨尊儒家之後，儒家即成為中國的主導性文化，儒家的經典也成為中國主要的「規範性」(normative)文化（即「大傳統」）。佛教東來之後，並

未能改變儒家在中國的主導性地位，但它無疑地也成為中國一個次傳統，而成為中國人信仰及行為的重要因素。

因此，我總結各家的說法，將當代的中國文化簡略地歸納為下列四個主要的特質：

## 1. 富有輪迴色彩的宿命論

在論及佛教思想傳入中國之原因時，張東蓀曾提到儒家對天的態度。他認為，原始儒家把「天」推得遠些，因為孔子說：「敬鬼神而遠之」。但是漢朝之後的儒家則又提倡「天人感應」之說，以至於讖緯大為流行。後來天人感應論破產後，老莊思想及佛教才應運而起。所以，從一個角度來說，原始儒家將天推遠之後，在人心靈中將造成一個空缺，恐怕這正是造成《易經》、老莊和佛教趁虛而入的主因。

宣教學學者希伯(Paul G. Hiebert)曾提出他的的看法。他認為近代西方人士受了理性主義的影響，將宗教以及創造之神推到很遠，而日漸擴大的則是由宇宙自然律所控制的物質世界。但人類在經歷各種的靈異現象及生死問題時，卻不知所措。希伯將此現象稱之為「被排除的中間層」(The Excluded Middle)。這「中間層」乃是介於物質世界與神之間的部份，也是解答有關生死禍福問題的鑰匙。以至於到了二十世紀末，西方世界掀起對宗教及靈異現象的狂熱追求。究其原因，乃是人們誤以為科學知識已能解釋一切現象，並且能解決人類的各種問題（包括物質的和心理的）。殊不知人類所能掌握的知識仍極有限。因此在物極必反的原則下，反而導致追求靈異的熱潮。現今中國大陸的「氣功熱」，許多人一窩風地追求特異功能，或許也可作如是觀。

因此，秦漢時代，於亂世生靈塗炭之際，在儒家所不屑於說的「怪力亂神」部份，以及儒家所不知的「死」的部份，佛教都提供了一些相當具有說服力的理論，填補了中國人世界觀中原本所欠缺的空白，因而構成現今中國人世界觀的一部份。其中最明顯的，就是「輪迴」的觀念。

中國人早有鬼神的觀念，但是中國人對鬼神只講禍福，不講輪迴報應。把輪迴報應與鬼神連在一起的，是受了佛教之影響。如今輪迴的觀念已深值於中國人的心中，所以中國人有濃厚的宿命論色彩，這是受到佛教的影響所致。這種宿命論式的人生觀，容易導致消極、悲觀的心態，趨於守舊，少求突破。這種輪迴觀念，使印度世襲的階級制度沿襲至今，無法剷除。因此，兩漢以後的中國社會，受到災異讖緯及輪迴思想的影響，不論是個人或國家，到了面臨困境的時候，莫不歸之於氣數。這似乎是促使中國人流於消極自安的原因之一。

## 2. 重直覺的知識論

在知識論方面，儒家原本就有重直覺輕理智的傳統，所以孟子提出「四端」之說，王陽明則倡「良知」，其實都是訴諸於直覺的道德判斷，對於理性的知識，則多少存著排斥的態度。牟宗三先生也認為：在西方，因為強調觀察自然，因此是一種「智的系統」，智的一面特別突出。而智的全幅領域就是邏輯、數學和科學。但是在中國，無論道家、儒家，智的「知性形態」(Understanding-form)卻始終未曾轉出[3]。例如老子所謂的不可道之「非常道」，是不用邏輯去認知的，而需要用「智的直覺」。這種直覺形態的智，不是辯解的，不是邏輯的，牟宗三先生稱之為「圓智」或「神智」[4]。

佛教方面，尤其是禪宗，更有同樣的「反智」色彩及直覺傾向，例如禪宗強調「不立文字」、「直指人心」。至於佛教所追求的「涅槃」，則更是「灰身滅智」的最高境界。所以，經過儒學與佛教的「相乘作用」，宋朝之後的中國知識份子，唯心論的色彩益形濃厚。宋儒陸王一系主張「心外無物」、「心外無理」，完全排除經驗知識。程朱一系雖強調「格物致知」，但所追求的知識乃是人生的絕對真理，而非科學的知識。

這種強調內省功夫的思維方式，當代儒家學者韋政通稱之為「內向觀點」，與近代科學的「外向觀點」大相逕庭。「外向觀點」重經驗不重先驗，重印証不重臆度，重懷疑不重信古，重實效不重空論。這種外向觀點的思考，才是促成科學發展的主要推力。但是在中國，由於儒釋道三家對知識問題有不約而同的見解，更使得內向觀點成為兩千年來中國思維方式的主流，使科學發展更加滯礙難行了。這是中國科學無法大步邁進，以致於逐漸落後於西方國家的原因之一。

## 3. 以性善為主的人性論

中國自古以來有關人性論的觀點極為分歧，尤其在春秋戰國時期，更是百家爭鳴，莫衷一是。譬如孟子從人皆有之的「惻隱之心、羞惡之心、恭敬之心、是非之心」，大力提倡「性善」之說。兩千多年來被視為儒家道德實踐的基本前題假設。孟子之後的荀子則因為人有耳目之欲、自私之心，所以他認為人是「性惡」的。他認為善乃是『生于聖人之偽，非故生于人之性也。』而由「本性」到「行為」(即經學習而得之者是「作做之偽」)，得藉助教化之功，這是他格外重視「禮教」的原因。法家學說之集大成者韓非子的「法治」

政治哲學，也是建立在人皆有自私本性(「自為心」)的基礎上的。他與荀子的不同在於：荀子因人「性惡」，故提出以「禮」來約束；韓非則主張順應人性的「自為」，來達到法治的目的。因此以荀子為橋樑，從儒家過渡到法家學說，是很自然的事。

但是到了後來，隨著漢朝「罷黜百家，獨尊儒術」，以及科舉取士的制度確立之後，「性善」的人性論就逐漸成為官方欽定的主流派觀點，很少人敢質疑其正確性。然而事實上，中國兩千年來，都是採取「陽儒陰法」的辦法治國。一方面倡導「性善」之說，在法令執行上，卻似乎又認定人皆「性惡」。

王崎軍在其《比較人論》一書中曾指出[5]，由孔子重仁，孟子重義，荀子重禮，到韓非子重法，其實像是一條「退化路線」。這代表古聖先哲對人性的頹敗，所流露出的一種無可奈何的情感。難怪老子以尖銳、深刻的口氣指出：「失道而後德，失德而後仁，失仁而後義，失義而後禮。夫禮者，忠信之薄，而亂之首。」

另一方面，佛教是一種倡導「內在超越」的宗教，是重視人的主體性思維的宗教哲學，與同樣高揚內在超越及主體思維的儒道思想是異曲同工的。而佛教的「眾生皆有佛性」的心性論，不但是中國佛教理論的核心內容，也是與中國固有哲學思想旨趣最為契合之點。儒家學者雖有多人排斥佛教，但對佛教的心性論，則多持肯定的態度。

然而當代學者韋政通曾指出，這種「人性本善」的觀點，特別是與基督教比起來，對生命的體驗較為膚淺，對罪惡的剖析不夠深刻。他還說儒家的思想多「知常」而不「知

變」，能「應常」而不能「應變」。殷海光先生也認為[6]，儒家所謂「性善」之說，根本是戴起道德有色眼鏡來看人性所得到的說法。因為他們唯恐人性不善，所以說人性是善的。

## 4. 嚮往逍遙的人生觀

劉小楓在《逍遙與拯救》一書中，曾從《紅樓夢》（原名《石頭記》）的敘事中指出，中國人所嚮往的，乃是老莊和禪宗式的「適性逍遙」，在這個超時空、超生死的境界中，人最終將變成無知識、無愛憎的石頭，對一切都無動於心。這逍遙之境甚麼都好，唯一缺乏的只是真情、純情的溫暖和對苦難世界的關懷。因此，劉小楓提出一個深刻的問題[7]：

「『破對待、空物我、泯主客、齊生死、反認知、重解悟、親自然、尋超脫』的審美精神，（真的）比在深切的苦澀和煩惱中，執著於不滅的愛心，無限關懷人與人類之可怕處境的宗教精神，更為高明？難道在一個還沒有消除一切苦難、不幸和罪惡的世界中，一個人自尋審美式的逍遙應該是問心無愧的？難道中國人對荒唐、混濁、冷酷、不幸世界的變相，肯定得還不夠？還需要我們去發揚光大？所謂的『中國化』真的那麼可靠？莊禪式的『審美』態度，究竟要把世界的虛無強化到甚麼地步才安心呢？」

當然，對劉小楓所提出的批判，每個人或許也有不同的見解。但是大家至少都能同意，中國人的人生觀，的確是在追求那無所窒礙的逍遙之境。無論是陶淵明的「悠然見南山」，或是賈寶玉的「飄然而去」，或是金庸武俠小說中俠

客的「悄然隱退」，都指向同一個方向。這種阻斷人對塵世的關懷，使個體心智進入一種清虛無礙的空靈之境的修為方式，固然是淵源於老莊思想，卻是由禪宗佛學完成的。換句話說，禪宗大大推進了道家「適意逍遙」的精神，強化了中國儒道精神中「自然本性」自足的立場。至此，中國人對人生的看法，經由儒釋道三家的融通，逐漸形成這種出世的性格。這可能是中國文化最大的特色之一。

## 第二節　中國文化的危機

正如本章一開頭所說的，當今的中國存在著政治、經濟、社會的各種問題。同時，在中國正努力朝向「現代化」的方向邁進時，「後現代主義」的思潮卻已湧入了中國。許多人在思考的問題是：中國悠久的傳統文化，在這現代化的浪潮中是否仍能挺立得住？中國的文化，能否為民族的未來發展提出甚麼貢獻？因此，中國文化目前正面臨著空前的挑戰，這是不爭的事實。但是這是否算是「文化危機」呢？卻是見仁見智的問題。

其實，如果說「危機」所代表的意義是「危險」加上「機會」的話，那麼或許我們都可以同意，中國文化正面臨「危機」的說法。眼前的光景，或許正如英國作家狄更斯在其名著《雙城記》的序言中所說的：

「這是一個情勢大好的時代，也是形勢大壞的時代；
這是一個智慧的世代，也是個愚昧的世代；
這是一個光明的季節，但也是黑暗的季節；
這是一個充滿了希望的春天，但也是令人絕望的冬天；
在我們面前似乎萬事俱備，但又似乎一無所有。」

　　有關當今中國文化的危機，杜維明有一番懇切的話，他很清楚地從歷史的角度，說出中國文化危機之根源。他說：

　　「無庸諱言，鴉片戰爭以來的一百五十年，五四運動以來的這八十年，特別是中華人民共和國成立以來的這四十年，深受西方思潮（包括自由民主與馬列兩大互相抗爭的意識形態）影響的中國知識份子，因痛感中國經濟、政治和社會『處處不如人』（不如西歐、北美），在悲憤、急迫和焦慮的心情中倡導富強，并一致確信西方的今天是中國的未來，而且形成共識：只有西方的科學和民主才是中華民族救亡圖存的不二法門。相形之下，中國固有的精神文明，不論儒道釋三教，倫常道德，天地君親師的民間信仰，乃至天人相應的宇宙觀，都因不符合以現代西方思潮為典範的評價標準而被揚棄，成為有識之士不屑一顧的封建遺毒。即使所謂尚且有科學性和民主性的『精華』，也只是質樸粗糙的原始資料而已。」[8]

　　哈佛大學的杜維明認為，中國知識份子的「危機意識」是由鴉片戰爭的失利開始的。之後由於遭遇列強的欺凌，引發了一連串的知識份子救國運動，由「自強運動」到「變法維新」，自「辛亥革命」至「五四運動」，但是在每一波的運動之後，似乎知識份子的焦慮感就越深，對自己民族文化的信心也越低。因此，五四運動成為中國文化發展史上一個極為重要的轉捩點。中國文化在近兩千年以來，從未曾遭受如此全面的、無情的批判。而且批判中國文化最厲害的，並非洋人，而是中國人自己；不是未受教育的愚夫愚婦，卻是知識份子。

　　當然有關五四運動的前因後果，已有極多的論著，在此

就不多費唇舌了。但是，八十多年後的今天，五四運動的衝擊，依舊在海峽兩岸的中國人心靈中餘波蕩漾。「五四」的精神〔特別是自由主義思想〕透過傅斯年、胡適等人，在台灣大學薪火相傳下來。在中國大陸，當1989年的天安門群眾運動發生時，「德先生」與「賽先生」這兩大五四運動的主題，居然又在天安門廣場上出現了，令人有時光倒流之感。

但是自1990年以來，海峽兩岸在經濟方面都有足以傲人的成長，這種「危機意識」還存在於中國知識份子心中嗎？依據我在1994年的一項調查[9]，在北美的大陸學生、學者中，有80%以上的人認為大陸有「三信危機」[10]。另外，有86%的基督徒和61%的非基督徒認為大陸有「道德崩潰」的危機。至於解決道德危機的出路，在非基督徒中，有64%回答「不知道」或「無解決辦法」，認為「儒家思想」是答案的只有6%，但是認為「基督教」是解決之道的高達26%，而回答「佛教」或「共產主義」者都不到2%[11]。至於基督徒，則有84%選擇「基督教」，作為解決大陸道德危機之路，這是可以理解的。值得注意的是，來自台灣的知識份子中，居然有92%的基督徒和77%的非基督徒認為台灣社會也正面臨「道德崩潰」之危機。

因此，顯然海峽兩岸的中國知識份子，都意識到中國的社會正面臨同樣的危機。概略而言，中國知識份子中，依地區來劃分，可分成港台、大陸和海外（特別是北美）三大陣營，當然要將某種立場視為某個地區的代表性觀點，有時可能會有「以偏蓋全」的危險，但是不容否認的是，每個地區的確有某種共識或相似特質存在，以致於可看出其大同小異

之處來。因此，中國知識份子都意識到中國的社會正面臨危機。況且自五四以來，中國知識份子似乎一直持續不斷地進行對中國傳統文化的批判與反省。但是若要談到「中國文化之危機何在？」這個問題，由於各人出身背景、立場、社會環境的出入，見解自然大異其趣。

## 1. 港台地區對中國文化危機之看法

港台地區的中國知識份子，基本上是比較傾向於維護傳統文化的，尤其在台灣。台港的知識份子，尤其是老一輩的學人如錢穆、牟宗三、徐復觀等人，莫不以「捍衛中國文化」為己任。在他們來看，中國文化的確面臨危機，但是危機的根源主要不是中國文化本身，而是當政者任意摧殘中國優良的傳統文化所致。只要好好培植，中國文化將來必有在世界各地發揚光大的一天。

例如張君勱曾說：「儒家思想的復興，或許是中國現代化的先驅。」[12] 而方東美在承認中國文化同中國的智慧有「斷滅絕種」的危機的同時，也說：

「在中國這一方面，假使這麼一個精神能夠建立起來，作為我們生活的途徑、生活的標準、生活的理想同現實的榜樣，那麼春秋戰國時代原始儒家、原始道家、原始墨家所建立的最高哲學智慧，可以復興於今日，不必等到中國文化衰退之後、社會崩潰之後，要憑藉外來的佛教來拯救、來支配我們。」[13]

在一篇由牟宗三、徐復觀、張君勱和唐君毅共同簽署的《中國文化與世界：我們對中國學術研究及中國文化前途之共同認識》宣言中 [14]，他們一方面坦然承認中國文化確有

缺欠，特別是在西方民主制度及西方之科學與技術兩者。但是他們更確信西方應向中國學習的也很多。他們列舉了五點，諸如「當下即是」之精神與「一切放下」的襟抱；「圓而神」的智慧；溫潤而惻旦或「悲憫之情」；使文化悠久之智慧；還有天下一家的情懷。

因此，基本上，這些前輩大師級的學者，大多數對中國文化在現代社會的適用性，是相當肯定的。雖然他們也承認在某些方面，中國文化確有缺失，但是他們堅信：瑕不掩瑜，中國文化的優越性，仍是無可替代的。

當然並非所有港台的學者都同意他們的樂觀論調，譬如柏楊的《醜陋的中國人》和孫隆基的《中國文化的深層結構》，都對中國傳統文化表達出相當深的反感。但是他們只是港台知識份子中的少數派，柏楊更非嚴格意義下的「學者」，孫隆基的「深層結構」之說，也被批評為缺少概念的準確性與方法的嚴謹性[15]。

在港台中生代學者中，韋政通卻是獨樹一幟的代表性人物，他曾明確地表示:

「新儒家們因根本的目的在宣揚傳統，因此著眼點都側重在傳統文化的優良的一面。但因缺乏理智的批判態度，有時就不免把那些優點過份放大。」[16]

他特別針對儒家人生思想的主要部份(即道德思想方面，也就是大家似乎共信不疑的「精神文明」的核心部份)，作一番深入的探究。他指出儒家在道德思想方面有「對生命體會膚淺」、「道德工夫流於虛玄」、「泛孝的流弊」、「外王的消除」等缺失。除了道德層面之外，韋政通

還對儒家思想與「泛道德主義」、「民主思想」、「知識論」等方面，提出鞭辟入裡的針貶。

在台灣，像他這樣，能對中國文化的中心——儒家思想，提出這種深刻反省的學者並不多見。殷海光就曾推崇韋政通對儒家的解析，超越了民初的陳獨秀等人。但是絕大多數的港、台學者，還是傾向於維護中國傳統文化，甚至認為中國文化可以挽救「瀕臨崩潰的西方文化」呢！

## 2. 大陸學者對中國文化危機之看法

在中國大陸方面，文革結束後，一九八〇年代興起的「文化熱」，對中國文化有熱烈而且深刻的討論與反省。基本上，受到政治環境和社會現況的影響，大陸的知識份子中，反傳統的傾向仍是主流。但是在思考的方式及思路方面，則各有不同。依據劉述先[17]和陳來[18]的分類，大陸的學者大致上有三種路線：

### (1) 「中國文化書院」派

中國文化書院是湯一介在1985年初成立的，他主張重新檢視中國傳統文化，認為傳統文化不應全面抹殺。中國文化書院曾舉辦了一系列的演講，廣邀一些海內外的知名學者，如馮友蘭、梁漱溟、杜維明等人，哄動一時。「中國文化書院」派的代表性人物是湯一介、李澤厚、龐朴等人，他們並非五四時期的「國粹派」或「復古派」，相反的，他們都有深厚的馬克思哲學的訓練，他們期望在「發展馬克思主義」的前提下，從傳統文化中從事「取其精華，去其糟粕」的工作。他們對中國傳統文化，無論從其本身的文化價值，還是對現代生活的社會價值，都給予了充分肯定。

　　湯一介認為，中國哲學的優良傳統，如宇宙論的「天人合一」，知識論的「知行合一」，美學上的「情景合一」，都有現代意義。「天人合一」的理念，在發展科技時，可以注意到人與自然界的和諧，避免破壞自然界生態的平衡。「知行合一」的觀念，有助於道德與行為的一致；「情景合一」則強調主觀與客觀因素的結合。

　　李澤厚是以啟蒙時代以來的思想，來高揚人的主體性，並以這個角度來重新梳理中國的哲學思想。他的《中國古代思想史論》、《中國近代思想史論》和《中國現代思想史論》三本專著，是他的代表作 [19]，在中國青年知識界影響很廣泛。他的思想與「人道主義的馬克思主義」和「自由主義的個人主義」都有關聯 [20]，有人甚至將他列入「新儒家」，但是他自認是個馬列主義者。

　　李澤厚曾提出所謂「西體中用」之說 [21]，他認為「全盤西化」不可能，「中體西用」也行不通，只有「西體中用」才是出路。但是他所說的「西體」其實就是馬克思社會經濟觀點下的生產力、社會結構之類的東西，「中用」則是要適合中國國情。劉述先認為他的「西體中用」之說只是個歪理 [22]，因為「體」「用」是個整體，是難以分割的。但是李澤厚在大陸知識份子間的影響力，是不容置疑的。大致上，「中國文化書院」派的觀點，是受到中國官方支持的。

## (2)「走向未來」派

　　第二個潮流是金觀濤等人的「走向未來」派，他們通過編譯的方式，發行了一系列的「走向未來叢書」，目的是向大學生介紹當代西方社會科學方法、理論及思潮。他們特別

注重自然科學的分析和實證精神，企圖以這種方法應用在歷史及文化的研究上。金觀濤和劉青峰夫婦合著之《興盛與危機》是其代表作，他們以系統論和控制論來解釋歷史，並提出了中國社會的「超穩定結構」模式，來說明為何中國近代的發展停滯不前 [23] 。

他們這種試圖將自然科學的方法論應用在社會科學上，是非常大膽的嘗試，也是極有創意的作法，但也引起很大的爭論。劉述先對《興盛與危機》一書曾有詳盡的評估[24] 。總的來說，自然科學與社會科學畢竟有很大的差異，其模式的理論效力，也有問題。他們對意識形態和道德層面的影響，也鮮少提及，這是最大的缺點。傅偉勳則認為[25]，金觀濤以學自然科學的人，冒然進入哲學與詮釋學的領域，未免太大膽了。即便如此，金觀濤的觀點，也的確有新的見解，有參考的價值。

包遵信雖然同屬「走向未來」的一群，但是他對中國傳統文化的態度更加激進，他認為新儒家學者「屈理申情，用心固然可敬，卻只能助長我們盲目自大的歷史惰性，未必有助於我們的現代化。」因此他將大陸一些「封建」的東西通通歸咎於儒家思想，然後加以韃伐。但是正如劉述先所指出的，他對新儒家有很大的誤解，對大陸的社會問題也有難言之隱，才會有此反應[26] 。

哄動一時的電視影集《河殤》編輯群，對傳統文化的看法與包遵信非常相似。事實上，《河殤》的理論依據，就是來自金觀濤的「超穩定結構」模式，而且金觀濤和包遵信都曾在電視影集中接受採訪。《河殤》以感性的訴求，表達出人們心靈深處的某種鬱結、某種情懷，以至於一播再播，成

為最有震撼力的電視集。雖然當時的編輯群都未曾在國外留學過，以至於對西方文明有近乎盲目的崇拜，他們以「內陸」與「海洋」的對比來探討中國文化的沒落，也過份簡化。但是不可否認的，他們那種奔向「蔚藍色的海洋文明」的心情，正代表著許多大陸青年知識份子的心聲。

### (3) 「引介西方文化」派

這派所代表的是更年青、更激進的一派，其中有一群以甘陽為首的學者，自1986年起出版了一系列的《文化：中國與世界》叢書，全方位地引介西方學術文化。其涵蓋之廣、規模之大，為五四以來所僅見。這些編委都是受過專門學術訓練的中青年學者，他們特別重視人文，尤其是哲學、社會學、倫理、宗教等領域，而且有明顯的「學院派」風格。

甘陽是研究「解釋學」或「詮釋學」的學者，他試圖用解釋學的方法來解決中國文化之現代化問題，並致力於引入西方文化來發展中國文化。他強調對傳統文化的批判性，和對外來文化的吸收，在發展傳統上的意義，因而提出「繼承傳統的最好方法就是反傳統」之論點。所以，「文化：中國與世界」派的文化取向比較偏向西方文化，而且有相當明顯的反傳統色彩。但是劉述先認為甘陽對西方思潮有誤解，或者觀察得不夠道地[27]。

與甘陽等人無關，但是同樣積極引進西方思想，同時嚴厲批判中國傳統文化的還有劉小楓、劉曉波等人。劉小楓在他的《拯救與逍遙》[28]和《走向十字架的真理》[29]二書中指出，自五四以來，中國知識份子只看見中國需要引進西方的

科學和民主的理性精神，卻長期忽略或輕視西方精神文明中的猶太—基督教精神傳統。他認為這是一個嚴重的偏差。同時，在他看來，無論是儒家的道德—歷史形而上學，或道家禪宗的超脫主義，都不可避免地會陷墮到現代的虛無主義的死胡同去。因為儒家和莊禪都排除了超越的上帝和超驗的神聖世界，而將道德或理性高抬至上帝地位的結果。

劉小楓指出，失卻了超越的絕對世界，會產生兩重危機。第一是缺乏絕對的價值標準，善也好，罪也好，受難也好，得救也好，都沒有實質的區分。第二是在遭遇人生的苦難時，人將完全沒有批判和伸訴的餘地。因此，他認為中國文化需要接受一次宗教洗禮，要把西方基督教的精神拿到中國文化當中來 [30]。近年來，劉小楓致力於翻譯一系列的基督教神學作品，特別是德國神學家的著作，就是著眼於此。可惜到目前為止，許多當代英美的福音派神學家並未列入。劉小楓所代表的是一批人數不少，而且正日漸增加的「文化基督徒」。他們在中國的影響力，也在增加之中。

劉曉波是另一位激烈批判傳統中國文化，又同時強調全盤西化的青年學者。他指出：「中國人的悲劇，是沒有上帝的悲劇。」[31]因為他認為，沒有上帝的人不可避免地會造成「自我無限化」及「缺乏對人內在限制的覺醒」兩大致命的後果。中國文化是以「道德人格」為核心的文化，以至於無論是新儒學、新佛學、新道學，都把中國傳統文化對「人格自足性」的絕對肯定，「作為精華中的精華，無條件地接受下來。」[32]這種對道德人格的信賴，使中國人把社會的變革，寄託在某位掌權者的道德人格上，而不是寄託在制度本身上。在劉曉波看來，這是中國長期在政治上的「人治傳

統」之根源[33]。

另一方面，由於對人的限制缺乏醒覺，也就缺乏「罪」的觀念，因此中國人向來缺少真誠而自覺的「懺悔精神」[34]。在《選擇的批判》一書內，劉曉波更詳盡地剖析了中國文化在儒家思想的宿造下，所產生的問題[35]。他嚴酷的批判了中國傳統文化的三大支柱：民本思想、孔顏人格、天人合一。因此他強調要「全盤西化」，他說：

「全盤西化就是人化、現代化，選擇西化就是要過人的生活。…我把『西化』叫做『國際化』、『世界化』。因為只有西化，人性才能充份發揮。這不是一個民族的選擇，而是人類的選擇。」

總的來說，大陸當代知識份子（特別是年青的一代）的言論，與五四運動時期的知識份子的觀點，有顯著的雷同之處。究其原因，梁家麟認為：

「如同五四時期的新文化運動，是由於儒家模型的政治、社會、文化權威陷落所造成的；八十年代的新文化運動，也是在馬克思主義的新權威崩潰後所帶來的結果。」[36]

五四運動的主題是「反傳統」，那時的知識份子，以徹底與傳統決裂的態度，反對舊道德、舊文化，批判傳統的三綱五常。林毓生稱之為「全盤性、整体性的反傳統主義」[37]。八十年代部份中國知識份子，如劉曉波、包遵信、甘陽等人，對中國傳統文化的全面否定態度，幾乎是五四時期的翻版。但若是從他們經過文革的心路歷程去體會的話，他們之所以採取這種激烈的批判態度，也就不難理解了。

但是近幾年來，隨著改革開放及經濟成長的步調，中國

大陸對儒家思想的態度也在逐漸改觀中，擁護儒家思想的輿論明顯地增加。下列是一些代表性言論：

- ●《人民日報》（海外版）1995年5月11日的新聞評論說：「中國進入社會轉型期，中外學者幾乎一致認為，中國傳統文化有可能阻止『道德滑坡』。」

- ●《人民日報》1995年4月27日又有一篇辛冠潔（中國孔子基金會常務副會長）的文章〈孔子：儒家學說向世界的傳播〉，他說：「面對『工業後的種種弊病需要醫治』這種形勢，一些頭腦清醒的西方人士，把目光轉向儒家文化，他們想從儒家文化中找到上述種種問題的答案。於是『儒家文化熱』在近幾十年中迭起，……」

- ●《人民日報》海外版1995年5月29日還有一篇王麗娜的文章〈東西方漢學家心目中的中國傳統文化〉，文中得到這樣的結論：「儒家文化是能夠與時並進的，儒學是中國的文明之光，也是世界文化的一個重要組成部份。展望二十一世紀，儒家文化必將在全世界發散出更加奪目的光彩。」

從上述這些說法看來，儒家簡直就是「明日之文化」了。它對西方現代社會的疑難雜症，都可以「對症下藥」，而且「藥到病除」。這種「儒家文化救世論」，出現在九○年代中國的《人民日報》上，是令人驚訝的。因為這種論調，與台灣《中央日報》在七○年代的口吻極其相似。因此，往後中國知識份子對中國傳統文化之負面態度，是否會因此逐漸改變，我們且拭目以待。

## 3. 海外學者對中國文化危機之看法

在海外，特別是北美，中國的知識份子對中國文化的態度，與港台或大陸地區又有顯著的不同。這些海外學者，如杜維明、林毓生、成中英、劉述先、余英時等人，都是學貫古今、中外兼修的高手。他們不但有完整的西方治學方法之訓練，而且又在美國定居、任教多年，對西方文化耳濡目染頗深，在比較中西文化之異同時，自然更鞭辟入裡得多。同時，正如林毓生所說的：「寄旅異邦，心情是寂寞的，但因客觀環境的關係，也許容易免除人事和感情的糾纏，所以可能增加了一點研究的客觀性。」[38]因此，大體而言，他們對中國文化的態度，比較不會陷入愛憎分明的兩種極端裏，在欣賞之餘，仍有深刻而且極有見地的批判。現在僅列舉一些代表性的人物及他們的觀點，來瞭解海外學人的看法。

### (一)杜維明

杜維明是海外學者的一個典型，他進年來推動「儒學第三期的重建」不遺餘力，在國內外都是極受推崇的人物。他的著作極多[39]，但從他在1994年南紐英崙高科技交流會上的一篇演講〈「文化中國」精神資源的開發與創建〉中，我們可以看出他對中國文化危機的剖析及對未來的展望[40]。首先，他指出，五四時代的知識份子，受三種主導性思潮的影響：1)物質主義，2)泛科學主義(Scientism)，3)實用主義(Utilitarianism)。當時國家正處於危急存亡之秋，一切都以「救國」「富強」為優先，這容易導至全盤政治化。以至於知識份子放棄了反思的能力，這從海峽兩岸後來政治的發展，可看出其所造成的深遠影響。

其次，杜維明也指出，在這種心態下，只注重「富強」，其他東西都被「邊緣化」，也因此在五四以來的這幾十年來，精神性及宗教性的價值長期被輕視。一方面要全盤西化，卻又拒絕基督教；看傳統的中國文化，又覺得「糟粕何其多？精華何其少？」想引進西方文化的精華，又因對西方文化的理解太膚淺，心態也太功利主義，以致於只學到表面功夫，未得其精髓。在另一場演講〈罪與善：人心性的探討〉中，他還特別指出，應從基督教中學習「超越上帝的觀念」和「原罪的概念」[41]。

對於未來儒學的發展，杜維明是樂觀的。他堅持「知其不可而為之」地在生活實踐上体認儒學，他說：

「我的基本思考重點，還不是使儒家在一個多元化的環境中，起某種積極的作用，或者讓儒學對東亞的現代化，乃至中國的現代化，作出巨大的貢獻，雖然我確實有這方面心願。（我）還必須先站在一個更根本的基點上，就是儒家如果有第三期的發展，它要經過怎樣一個創造的轉化？在二十或是二十一世紀，儒家傳統有無再生的可能？有無真正的生命力？這裏除了很多客觀的外在條件需要考慮外，我最為關注的是：在對儒學沒有下最後結論之前，怎樣對這一個精神傳統進行一個全面深入的反思。」[42]

但是他也指出新儒學發展的三個要點：

1) 儒家今後不應強調「成為聖賢」，而應強調作一個誠實的人，一個有獨立人格的人，一個能發展價值和智慧的人；

2) 儒家應引進西方的自由、平等、法治、公義、人權

　　等價值；

　3) 儒家應維持家庭、群體的倫理道德，以免墮入西方
　　文化的弊端中。

## (二)林毓生

　　林毓生是另一位海外有影響力的人物，他曾受教於殷海光及海耶克(F. A. Hayek) 門下，是自由主義的熱心推動者。他對五四運動的反傳統思想研究頗深[43]，對「科學主義」、「實証主義」也有極為深刻的批判。事實上，五四時代的科學主義和實證主義，在當代中國知識份子間，仍是非常普遍的思想，對中國文化及社會的發展，產生了許多負面的影響。

　　林毓生認為中國人文學科的內在危機是「權威的失落」[44]。由於五四運動是全盤性反傳統主義，經過這個思潮的洗禮以後，我們傳統中的各種權威，不是完全崩潰，就是變得非常薄弱。因此在維護傳統與反傳統兩派間，常有非常情緒化，而且破壞性的爭論。他同時指出，內在權威的失落，還會導致盲目地引進「外來的權威」。他特別批評胡適所謂「大膽的假設，小心的求證」之謬誤，認為這在「科學方法」上，犯了「形式主義的謬誤」[45]。

　　林毓生對中國文化的未來，提出了「創造的轉化」的概念，引起許多的迴響，特別在海外學者中，是一個熱烈討論的問題。有關「創造的轉化」的問題，已在第四章中詳細討論，在此不再做深入的探討。另外，他還指出，中國人文的重建，要去除急功好利的功利主義心態，相反地，要有務實的、紮根的「比慢精神」。這是一針見血的見解，也是所有

投身於中國文化更新運動的人，應有的心態，以免重蹈五四時期的覆轍。

## (三)劉述先

另一位值得介紹的海外學者是劉述先，他從來不自命是新儒家，但也因此對新儒學的發展，有其獨到的見解 46。他在一篇於新加坡發表的〈當代新儒家思想批評的回顧與檢討〉一文中指出，亞洲四小龍的經濟成就，與其說歸功於儒家的「大傳統」，不如說是受惠於儒家的「小傳統」，即伯格(Peter Burger)所謂的「粗俗的儒家文化」更為適當 47。同時，他還主張，新儒家思想在當代缺乏真正的影響，是由於它在現實上始終提不出一套可行的辦法來。如果不能適應當代的時勢，弄出一點新東西來，那麼新儒學是不會有前途的。這個見地是很中肯的。

另一方面，他也在〈當代新儒家可以向基督教學些甚麼〉一文中指出，在「外在超越」、「人性論」和「世界觀」三方面，新儒學都可以向基督教學到一些深刻的睿識，而造成自我的擴大與深化的成果 48。杜維明在與基督教對話時，也多次提到劉述先的這些觀點。

## (四)梁燕城

最後要介紹的海外學者是梁燕城，他對佛學、儒學和基督教神學都有很深的造詣，最近又主編《文化中國》雜誌，對中國文化更新問題極為關切。他所代表的是一批在中國文化與基督教之對話方面有濃厚興趣的基督徒學者，如溫偉耀、林治平、吳明節等人 49。

他在與周聯華、蔡仁厚合著的《會通與轉化》一書中，

曾提出以「非希臘化」的方式，來重新整理基督教信仰的教義，並在体驗、心性、動態與和諧、歷史與國度等四個重點上與中國文化相會通 50。另外，他還在一些人性的概念上作了些區分，特別是「本體層次」與「存在層次」之分；還有基督教的「朗現天」與儒家經常提及的「默現天」之分。這些區分有助於觀念之釐清和溝通，並使基督教與中國文化之會通，有新的契機。

最近，在一篇〈歷史共業與悔悟的更新〉的文章中，梁燕城提出「歷史的共業」或稱「歷史的原罪」的概念[51]，指出歷史的苦難是群體所造成的，大家共造，又大家共同承擔其罪惡的後果。因此他認為突破之道乃在於對傳統的錯誤有所警覺、有所悔悟，徹底正視民族文化的病源，而加以更新轉化。

## 第三節　總結

總結以上所述，在中國知識份子中間，對於中國文化是否面臨危機，似乎有兩極化的現象。以台、港為主的海外知識份子，有鑒於港台經濟的蓬勃發展，以及政治民主化的推行，對中國文化的優越性及適應性，大多持比較肯定和樂觀的態度。但是大陸知識份子（包括流亡或留學海外者），則因對中國的災難經歷得較切，對中國問題的嚴重性也看得較深，所以對中國傳統文化多半持比較負面的看法，批判性也較強·

但是大部份的海外學者都認為，儒學和中國文化必須經過一番創造性轉化和更新的過程，才能面對未來社會轉型的挑戰。而其中許多人認為，如何與宗教—特別是基督教—對

話、會通，以至於被轉化，將是未來中國文化的發展中，最重要的課題之一。

---

1 牟宗三：〈中國文化的特質〉，《文化傳統的重建：中國文化的危機與展望》，周陽山編，時報出版公司，1982 年，第 3 頁。

2 金耀基：〈中國文化傳統及其復興之路〉，《文化傳統的重建：中國文化的危機與展望》，55 頁。

3 牟宗三：〈中國文化的特質〉，《文化傳統的重建：中國文化的危機與展望》，15 頁。

4 同上，19 頁。

5 王峙軍：《比較人論》，加拿大福音證主協會（現改名「恩福協會」），1996 年。

6 殷海光：〈道德的重建〉，《文化傳統的重建：中國文化的危機與展望》，91 頁。

7 同上，22 頁。

8 此係杜維明發表於一九九四年十一月十四日「中國文化與基督信仰對話研討會」之演講稿，後刊載於《文化中國》，二卷一期(1995 年 3 月)，6-16 頁。

9 這是我在美國就讀三一神學院的博士論文之一部份，後來以英文發表，書名係 *Ripening Harvest: Mission Strategy for Mainland Chinese Intellectuals in North America,* Tsu-Kung Chuang, Paradise, PA: Ambassadors for Christ, Inc., 1995.

10 *Ripening Harvest,* p.75.

11 同上，p.78-79.

12 張君勱講，王禹久譯，〈中國現代化與儒家思想復興〉，《中國文化的危機與展望：當代研究與趨向》，周陽山主編，台北時報文化出版事業公司，1981，76 頁。

13 方東美，〈中國哲學對未來世界的影響〉，《當代研究與趨向》，315-16 頁。

14 同上，103-61頁。

15 請參考劉述先之〈論所謂中國文化的「深層結構」〉，收集在劉述先所著之《大陸與海外：傳統的反省與轉化》，台北，允晨文化公司，1989，165-177頁。

16 韋政通：《儒家與現代化》，台北，水牛出版公司，1989，2頁。

17 劉述先：《大陸與海外》，3-36頁。

18 陳來，〈思想出路的三動向〉，收集在甘陽編選之《中國當代文化意識》，台北，風雲時代出版公司，1989，371-79頁。

19 李澤厚：《中國近代思想史論》，北京，人民出版社，1984；《中國古代思想史論》，北京，人民出版社，1986；《中國現代思想史論》，北京，東方出版社，1988。

20 陳奎德，〈文化熱：背景、思潮與兩種傾向〉，收集在陳奎德主編之《中國大陸當代文化變遷》，台北，桂冠圖書公司，1991，37-61頁。

21 李澤厚：《中國現代思想史論》，台北，風雲時代出版社，1990，397-437頁。

22 劉述先：《大陸與海外》，11頁。

23 金觀濤、劉青峰：《興盛與危機》，湖南人民出版社，1984。

24 劉述先：《大陸與海外》，43-80頁。

25 傅偉勳：〈外來思潮的衝擊與多元文化創新〉，《中國大陸當代文化變遷》，15-16頁。

26 同上，99-113頁。

27 劉述先，〈關於「文化的批判」的反省——評《從理性的批判到文化的批判》〉，《大陸與海外》，81-91頁。

28 劉小楓：《拯救與逍遙》，上海人民出版社，1988。另外台灣也有出版，分為《拯救與逍遙》及《逍遙與拯救》兩冊，台北風雲時代出版社，1990。

29 劉小楓：《走向十字架的真理》，上、下兩冊，台北時風雲時代出版社，1991。

30 劉小楓，〈中國文化的普世性與未來處境——中國當代文化與基督教講座記錄〉，《中國與教會》，71期〔1989年5-6月〕，6頁。

31 劉曉波，〈狂妄必遭天責——論中國文化的道德至上的致命謬誤〉，《明報

月刊》(1989年8月)，37頁。

32 同上，35頁。

33 劉曉波，〈中國當代知識份子與政治(上)〉，《爭鳴》(1989年3月)，71頁。

34 劉曉波，〈中國當代知識份子與政治(下)〉，《爭鳴》(1989年4月)，35頁。

35 劉曉波，《選擇的批判》，台北，風雲時代出版公司，1979，250頁。

36 梁家麟，〈當代知識份子對基督教與救國問題的反省〉，《中國神學研究院期刊》，第十期，1991年1月，39頁。

37 林毓生：《思想與人物》，台北，聯經出版公司，1983，126頁。

38 同上，140頁。

39 杜維明的著作很多，以中文發表的有《儒家自我意識的反思》(台北，聯經出版社，1990)、《儒學第三期發展的前景》(台北，聯經出版社，1989)、《儒家傳統的現代轉化》(北京，中國廣播電視出版社，1992)。英文著作主要的有 *China in Transformation* (Harvard University Press, 1994), *Confucian Thought: Selfhood as Creative Transformation* (State University of New York Press, 1985), *Confucian Traditions in East Asia Modernity: Moral Education and Economic Culture in Japan and the Four Mini-Dragon* (Harvard University Press, 1996), *The Confucian World Observed: A Contemporary Discussion of Confucian Humanism in East Asia* (East-West Center: University of Hawaii, 1992), *The Triadic Chord: Confucian Ethics, Industrial East Asia, and Max Weber* (Singapore: Institute of East Asian Philosophies, 1991)等。

40 發表於 1994 年 11 月 12 日南紐英崙高科技交流會上。

41 係發表於1994年11月14日「道之交輝：中國文化與基督信仰對話研討會」上，後轉載於《文化中國》，1995年3月號，6-16頁。

42 引自張鳳所著之《哈佛心影錄》〔台北，麥田出版公司，1995〕，57-58頁。

43 林毓生的著作有關於五四運動的有《思想與人物》(台北，聯經出版社，1983)及《中國意識的危機：五四時期激烈的反傳統主義》(貴陽，貴州人民出版社，1986)。

44 林毓生：《思想與人物》，7-10頁。

45 同上，18-25頁。

46 劉述先，《大陸與海外》，12頁。

47 同上，250頁。

48 同上， 259-271 頁。

49 林治平係台灣宇宙光出版社社長，他著作與編輯的書有《基督教與中國本色化》(1990)，《基督教與中國論集》(1993)，《近代中國與基督教論文集》(1981)等。吳明節牧師曾著《基督教與中國文化的接觸點》(香港道聲出版社，1990)。溫偉耀則係《基督教與中國文化叢書》主編。

50 蔡仁厚、周聯華、梁燕城：《會通與轉化：基督教與新儒家的對話》，台北，宇宙光出版社，1985。

51 這是梁燕城於 1994 年 11 月 12 日在第三屆紐英崙科技交流大會上發表的，後與杜維明之演講稿共同刊載於《文化中國》(1995 年 3 月)，6-16頁。

# 第九章
# 基督教與中國文化之會通

從宣教的角度來說，對所有的中國的基督徒而言，我們最關切的問題之一，乃是基督教信仰與中國文化的會通，以及基督教能否轉化中國文化的問題。因此，我們將先從歷史的角度，來回顧基督教進入中國的三個時期，因為歷史可以成為我們的借鏡，幫助我們繼往開來。

然後我們將探討基督教與中國文化可以會通的一些主要議題。一方面我們必須先澄清一些常見的誤解，才能夠展開建設性的對話。另一方面我們也必須深入反省，基督的福音對中國傳統文化及當代的中國社會，提出了什麼批判？指出我們什麼盲點？提醒我們什麼可行之道？

## 第一節　歷史的回顧

基督教最初進入中國，始自唐太宗貞觀年間。但是之後由於各種原因，基督教只是斷斷續續地與中國文化有所接觸。直到十九世紀鴉片戰爭後，才隨著列強的勢力，傳教士們爭先恐後地「湧入」中國。在本節中，我們將從歷史的角度，回顧基督教在中國傳播的過程，特別著重其傳播的方式及其與中國文化之會通狀況。

從歷史上來看，基督教在中國出現，有唐朝的「景教」、元朝的「也里可溫教」、明末清初的「天主教」，以及清末的「基督教」〔即宗教改革後之基督「新教」〕。但是從宣教方法來區分，則可明顯地分為景教、天主教和基督教三種不同的途徑：

## 1. 唐、元景教的宣教策略

「景教」是由在波斯的基督教宣教士，隨西域商人，由絲路進入中國的。這些宣教士係屬「涅斯多流派」，這一派的教義，在第五世紀初之尼西亞會議中，曾被判為「異端」。但從今天的角度來看，景教並沒有明顯地「離經叛道」的跡象。但是景教在華兩百多年後，卻因唐武宗的「滅佛」運動，所有的外籍僧侶、教士全部被驅逐出境，固然佛教因此受到重大的打擊，但受害最深的卻是景教。幾乎兩百年來所建立的一點點根基，轉瞬間全部蕩然無存。再者，唐朝是佛教蓬渤發展的時代，中國文人與佛教人士辯答往還的文章著作極豐，然而迄今卻未曾發現有關景教僧侶與中國知識份子間任何來往交流的片紙隻字。由此兩點看來，景教在與中國文化的會通方面，幾乎是一片空白的。

景教的失敗，學者們有不同的看法，莫衷一是 [1]。有人認為景教依賴皇室的保護過深，以致於當政府的宗教政策一改變，就一敗塗地 [2]。但是當時儒、佛、道三教莫不依賴朝廷的支持，並不是只有景教如此。還有人說是因景教宣教士在中國所傳播的，不是純正的基督教福音 [3]。但是依據近代學者的考証，這項指控是不正確的。近代歷史家和宣教學者對景教宣教策略的失敗，基本上已有了兩點共識：一個是景教在教會組織上「本土化」的程度不夠，另一個是它在信仰的「處境化」上失策。

在「本土化」方面，雖然景教在譯經、會堂布置、救濟事業等方面相當地努力 [4]，然而，直到唐武宗時代，景教的教士仍清一色是波斯人或西域人〔當時稱「色目人」，即「有色眼珠的夷人」〕。因此，當這些外籍教士全部被遣送

出境時，在中國的教會就瓦解了。歷經兩百年，景教卻仍未能培養出中國的傳道人，不能不說是一大敗筆。比起同一時期的佛教，景教當然是相形失色。

另一方面，在信仰的「處境化」上，景教也有過當之處。有學者指出，景教在翻譯經典時，過度地使用佛教的詞彙，甚至用「佛」來翻譯「基督」，很容易令人混淆。由於初期的佛教僧侶也多為西域人士，與景教一樣，再加上經典用詞也大致雷同，所以在唐朝，景教常被誤以為是佛教的一個派別。所以許多景教經典被收入宋朝佛教《大藏經》內，而如今倖存的景教殘卷，也多存於佛教聖地的敦煌石窟內。

當然一個可能的原因是，這些初期來自波斯或西域的景教宣教士不通中文，他們在翻譯經典時，只好求助於同樣來自西域的佛教僧侶，因為這些佛教僧侶很多是精通中文的。但也因此在翻譯時，大量的佛教詞彙出現在景教經典中。若非十七世紀的耶穌會教士從西安「景教碑」的敘利亞文記載中看出端倪，否則景教將一直會「妾身未明」的。

另外，許多景教初期經典的用詞也甚粗俗，如將「耶穌」譯為「移鼠」之類的。而且許多詞彙的音譯，不易明白，譬如《序聽迷詩所經》的書名及內容，迄今仍未有定論。因此，解讀景教經典，還是一門極為專門的學問。對當時的平民大眾及知識份子而言，景教的經典大概不會引起很多人的興趣吧！

景教後期經典的翻譯則用詞華麗，中文水平提昇很多，但佛道色彩更濃，綜攝化的傾向更明顯。至於景教僧侶和儒家學者間，則因語言及思想的障礙，恐怕也沒有甚麼溝通的管道，也就談不上甚麼會通了。

當然直到元朝馬可波羅來華時，他仍看見不少景教徒，但是這些景教徒大都不是漢人，而是被稱為「十字回回」的西域人士。他們雖已漢化，但正如回教徒一般，係被當作少數民族對待，成為中國社會中自成一系的「邊緣人」。而景教徒一旦被孤立起來之後，就與主流社會隔離了，就無法進一步地與中國文化交流，也無力再向漢族的中國人宣揚基督的福音了。這就是景教在中國逐漸凋零的原因。

## 2. 明末清初天主教的傳教策略

天主教最初進入中國是在元朝時代。一方面，成吉思汗及其子孫的后妃中有很多是中亞一帶的景教徒；另一方面，十三世紀時天主教教廷正在進行十字軍東征，希望與蒙古王朝結盟，乃多次派使臣前往朝見。最後雖因種種因素結盟之議未成，但是元世祖忽必烈卻於1293年，准許方濟會教士孟高維諾(Joan du Monte Corvino)在北京從事傳教工作。後來教皇又加派了七名教士於1307年來華相助，但最後只有三名平安抵達北京。經過多年的努力，據稱在北京有六千人受洗，並建立兩座教堂 [5]。但是由於元朝國祚甚短，天主教在華的第一階段傳教事業，也就隨著元朝的覆滅而遭到同樣的命運。

元朝時期的基督教稱為「也里可溫教」，因為「也里可溫」是蒙古語的「有緣人」或「福分人」之意，後專指「奉福音之基督徒」。這個時期歸信天主教的人中，其實有不少原先是景教徒。例如蒙古王室中的汪古部酋長闊里吉思，就在孟高維諾的勸說下，率大部份臣民由景教改信羅馬天主教，並捐資興建教堂一所 [6]。雖我們無法確知，在元朝時期

究竟有多少漢人歸信天主教，想來為數一定不多。而且同樣地，沒有任何文獻顯示中國知識份子與也里可溫教有所往還。因此，再一次基督教在與中國文化的會通上，交了白卷。

又經過兩百年左右，耶穌會最有名的宣教士沙勿略(Francisco Xavier)，在印度宣教。幾年後，他又到日本宣教，但他覺得要使日本人信服基督教，需先傳福音於中國。於是在1552年到達廣東的上川島，但因明朝嚴禁外人進入內地，沙勿略不得其門而入。同年年底，他含恨病逝於上川島。但是耶穌會的教士們，繼承沙勿略的遺志，在澳門建立了基地，俟機派教士進入中國傳教。經過將近三十年的努力，最後終於有一批教士獲准進入中國，其中最有名的是利馬竇(Matteo Ricci)。

利馬竇係於1580年抵達澳門，先學習中文，翌年即隨另一位耶穌會教士羅明堅到廣東肇慶。在廣東之二十年間，他致力於學習中國典籍，並教授天文、地理、幾何、曆算之學，從學者頗眾。1601年，利馬竇才到北京，直到1610年離世為止，他在北京與政府高官、士大夫往還頻密，並引領數千人歸信天主教，其中包括徐光啟、李之藻等名宦。利馬竇是天才型的人物，他有過目不忘之能，中文造詣極深，數學、天文、地理，無一不精，又專擅鐘錶等精密機械(據說上海鐘錶業拜利馬竇作祖師爺呢！)[7]，凡見過他的人，無不折服。因此，想與他結交的人很多，利馬竇也來者个拒，廣結善緣。天主教能在短短的幾十年間，建立一個初具規模的傳教基礎，利馬竇最其人的天份及魅力，扮演了極重要的角色。

　　但是利馬竇的最大貢獻，乃是他開啟了基督宗教與中國文化會通之門。他不但是第一個能用中文與中國知識份子坐而論道的西方教士，而且他也是第一個將中國文化的博大精深介紹到西方的人。他所創立的宣教策略，雖然在明末清初年間，曾在羅馬教廷遭到攻擊，引發所謂的「禮儀之爭」，但是後來卻成為基督教及天主教傳教的新策略。因為以往中古世紀西方基督教所面對的，都是一些文明程度較低的種族或國家。如今在面對中國這樣一個高度文明的國家時，在傳教方法上，必須改弦易轍才行。所以，利馬竇可算是天主教宣教史上，樹立新「典範」(Paradigm)的劃時代人物 [8]。有學者指出，利馬竇的「本色化」宣教策略包含三個要點 [9]：

(1) 依據儒家的禮儀規範，而非佛教的服飾；

(2) 採用中國詞彙及觀念來翻譯經典，如用「天」和「上帝」等名詞；

(3) 接受大部份中國禮儀及風俗，例如祭祖和祭孔等。

　　利馬竇的策略是基於他對中國文化的了解，以及他敏銳的觀察力。他初到廣東肇慶時，身著佛教的袈裟，一副「洋和尚」的樣子。但是不久他就發現佛教在明朝勢力已衰，不復唐宋之盛況，而且當時和尚在社會上形像和地位不如儒者。因此他立刻換上儒袍，終生未曾易服，贏得士人的尊重與認同。換句話說，利馬竇沒有採用景教以佛道兩教為依附對象的策略，而直接以儒家思想為對話和會通的對象，可以說是「直搗核心」，這是他策略成功的所在。同時，他也發現，基督教與儒家思想有許多共通點，與佛教則扞格之處很多。所以他致力在中國古代哲學中，尋找思想溝通的接

觸點。他認為,儒學才是基督教最好的「盟友」,而非充滿著偶像崇拜及印度思想的佛教 [10]。

因此,在他看來,正如希臘哲學曾是基督教的「開路先鋒」或「啟蒙師傅」,幫助羅馬帝國人民接納基督教一樣,儒家思想也可能在中國人當中,起了相似的作用。他及後續的耶穌會教士,對中國古代哲學及先秦「原儒」思想最有興趣,他們認為,中國古籍中的「天」及「上帝」,即基督教中創造萬物又是萬物之源的真神,但是由於佛道思想的影響,使這兩個名詞染上泛神論的色彩,而逐漸失去原意。

在利馬竇去世之後,他極富創意的宣教策略開始招致天主教內外的夾擊。在天主教內部,先有利馬竇繼任者龍華民掀起的「譯名之爭」,他反對用「天」或「上帝」之詞,監持直接用拉丁文「神」之音譯「徒斯」(Deus)。後來又有道明會及方濟會教士因反對祭祖祀孔而引起的「禮儀之爭」。禮儀之爭從 1645 年開始,鬧到 1704 年教皇頒布諭旨禁止祭祖祀孔,因而引起清康熙皇帝震怒。之後教廷雖與清室來往交涉二十年,談判仍然破裂,康熙下令除少數被朝廷寵信又擁有特殊技能的教士(如名畫家郎士寧及負責欽天監的教士)外,全部驅逐出境。使天主教的傳教事業再度中輟,令人扼腕 [11]。

另外天主教也遭到許多民間教外人士的攻擊,最早的是 1616 年的「南京教案」,後有 1659 年之「曆獄」。前者幸有徐光啟等大臣的維護,後者因欽天監湯若望教士深得朝廷寵信,才不致造成太大的傷害。但從康熙下令驅逐大部份的教士後,不但教案日增,迫害的程度和範圍也越來越大,傳教倍加困難。直到鴉片戰爭後,雖逐步開放外國教士來華,

但是中國知識份子對基督教的敵意已深,教案更層出不窮,而且多半與天主教有關,使得雙方鴻溝加深,基督宗教也就無法與中國文化坦誠、理性地會通了。

直到今日,利馬竇的傳教方法仍是天主教在中國傳教的基本策略。但法國漢學家堅尼特(Jacques Gernet)批評利馬竇的「本色化」努力為「蠱惑」(Seduction),因為他認為,中國的倫理與基督教倫理本質有別;「天」與「天主」也是兩碼子事[12]。但秦家懿則批評堅尼特有浪漫主義傾向[13],對一個完全「復古」的中國寄以幻想。同時她認為,正如佛教在中國曾經過「適應」和「濡化」(Inculturation)[14]的過程一樣,基督教在中國也需要經過類似的過程。然而緊接著,她問的問題是:佛教已經「中國化」了,基督教也該「中國化」嗎?這是一個嚴肅的問題,是所有基督教和天主教的神學家應該深思的。

回顧這段歷史,我們可以說利馬竇的宣教策略基本方向是正確的,若能持續更長的時間,或許能在中國文化與基督教的會通上,作出更大的貢獻。可惜時不我予,在內外夾擊之下,這次的會通可以說「未竟其功」。事實上,在這期間,天主教宣教士在向歐洲人士介紹中國文化,比向中國人介紹基督教信仰還要成功。這些教士們所寫有關中國風土、人情和文化的書,在歐洲風行一時,甚至對啟蒙運動的領導人,特別是伏爾泰,都有很大的啟發。

然而在向中國人介紹基督教信仰方面,天主教的成效卻很有限。一方面,教案頻仍,雙方都無法平心靜氣地「坐而論道」。其次,天主教外籍教士中,很少再出現像利馬竇那樣品格、學識俱佳,又精通中國文化的人物。最後也是最重

要的是，天主教的「信仰本色化」政策游疑不定：培養中國籍的教士又少又慢，而且到二十世紀初，望彌撒的儀式大多仍用拉丁文，連翻譯整本的中文聖經都幾乎費時長達三百年[15]！因此，天主教在利馬竇來華三百五十多年後，仍未脫「洋教」的色彩。所以，雖然在 1949 年以前，天主教在中國宣稱有三百萬教徒，但是在文化上的影響力，並不比人數更少、來華更晚的基督教(新教)來得大。這是非常可惜的事。

## 3. 清末民初基督教(新教)的宣教策略

基督教來華時間通常以馬禮遜(Robert Morrison)1807年到達澳門起算，迄今不到兩百年。在這期間，由於基督教宣教士來自不同國家(但以英國最多)、不同宗派，所以沒有統一的組織及策略。然而正因如此，基督教的宣教士們反而不必像天主教教士一般，束手束腳地受到遠在萬里之外的教廷遙控。一般而言，基督教早期的宣教士，大體上都能入境隨俗、各盡所能，劈荊斬棘地開創他們的宣教事業。

在「本色化」的努力上，有些基督教的宣教士（特別是「內地會」）不約而同地採用與利馬竇相似的策略：著華服、吃中餐、學中文(包括不同的方言)。不同的是，他們接觸的中國人以中、下階層為主，不像天主教採取「由上而下」的途徑，先由皇室和士官紳著手。而且，大多數初期的基督教宣教士，知識水平並不高，不像那些學識淵博的道明會、方濟會和耶穌會的教士們。只是基督教宣教士們在傳教事工上，在服務社會、開啟民智等方面的成績，卻一點也不比天主教的教士們遜色。後來到了十九世紀末，隨著中國門戶的開放，大批基督教宣教士擁入中國，素質也大為提昇。英國

著名的「劍橋七傑」，以及美國耶魯大學、哈佛大學等名校的畢業生，都紛紛來華宣教。

但是清末民初的教案顯明，在宣教過程中，仍不可避免地產生了許多衝突。如一九〇〇年發生的「義和團事件」，就是一場巫術式的排外運動[16]。後來當1920年代中國知識份子中引發了強烈的「非基督教運動」時，顯示出基督教與中國文化還有極深、極大的鴻溝。當時在各地的學生、學者聯合組成了所謂的「非基督大同盟」，展開對基督教無情的、全面的批判。當時的領導人有陳獨秀、戴季陶、朱執信等左、右兩派人士。在那種激烈的反傳統主義、反帝國主義、科學主義、民族主義的氣氛下，基督教可以說是進退失據，應對無方。當然，在當時連中國傳統的儒家思想，和在中國已流傳達兩千年的佛教，都幾乎一起被「掃地出門」了。所以才進入中國三、四百年的基督教被排斥，也就不足為奇了。

但二十世紀初，在中國的宣教士間，也發生了「福音派」和「社會福音派」的路線之爭[17]。「福音派」以內地會創辦人戴德生(Hudson Taylor)為代表，主張傳揚「純正福音」，雖他們也辦學校、建醫院，但卻是附屬在福音工作之下的。「社會福音派」則以廣學會的李提摩太(Timothy Richard)為代表，主張社會服務、　文字工作與傳福音並重。後期「社會福音派」的宣教士，甚至主張以社會服務來取代傳福音。兩派爭執不下，最後在二十世紀初，終於分道揚鑣，各行其是這是非常可惜的事。

其實這個路線之爭，乃是同時期歐美基督教界「自由派」(Liberalism)與「基要派」(Fundamentalism)神學思想之

爭的翻版。「自由派」的宣教士受理性主義及啟蒙運動的影響，對聖經的權威性採取批判的態度，自然對傳揚福音的熱誠也大為降低。相反的，他們對西方文明的優越性卻篤信不疑，深信使中國儘速「西化」，才是幫助中國進步的捷徑，因此極為重視醫療、教育、文字等類的工作。對他們而言，從事這些社會工作，就等於是傳福音，所以又被稱為「社會福音派」。而「基要派」(又稱「福音派」)的宣教士們，則堅信聖經的權威性及福音的必要性，因此他們認為醫病、教育都只是輔助性的「手段」，最後的「目的」仍是要以基督的福音來改變人心。

在十九世紀，大部份的基督教宣教士屬於「福音派」，但是到了二十世紀，越來越多的「社會福音派」宣教士來華，從事醫療、教育等類的工作。這個路線之爭，後來也出現在中國教會領袖之間，例如基督教青年會的吳耀宗是「社會福音派」的典型代表，而北京的王明道、聚會所的倪柝聲、學聯會的趙君影則是「福音派」的領袖。兩派雖然都對基督教在中國的傳播各有其貢獻，但是在基督教與中國文化的會通上，兩派做得還不夠 [18]。

譬如說李提摩太致力於介紹西方的文明、科技到中國，並與上層人士多有往還，對梁啟超等維新派人士影響很大。可是中國知識份子卻採取「接納西方文明、撇棄基督教」的兩面手法。而到了1900年之後，廣學會的報紙和書籍，已漸被中國人自辦的商務印書館等所取代；政府官辦的中、高等學校數目也漸漸遠超過了基督教辦的學校(尤其在1920年代「收回教育權運動」之後)，所以「社會福音派」在中國的影響力大為削弱。相反地，內地會近千名的宣教士在中國

各地，則很少和上層人士來往，也不太與知識份子打交道，因此在文化會通上，貢獻也不多。

但是值得注意的是，這些「福音派」的宣教士們引領了數十萬中國人歸信基督教，到了1950年之後，當所有的外國宣教士全遭驅逐出境時，這些中國信徒就成為福音的「種子」，經過文革的冬眠時期，在1980年代開始蓬勃發展。今天在中國農村已有超過五千萬以上的基督徒，其中大都是經由那些「福音派」的宣教士所結的果實，再繁殖出來的。如今這些基督徒大多工作勤勉、彼此相愛、忠誠樸實，在許多農村發揮很大的積極作用，難道這不是一種「文化轉化」嗎？難道宗教與文化的會通只能通過哲學性的探討嗎？這是值得反思的問題。

總的來說，縱觀整個基督教在中國的傳播史，我們必須承認，到1950年代為止，基督教在與中國文化的會通上，實在做得太少、太慢。當然由於種種外在因素，使得基督教在中國的傳播一直是斷斷續續的，未能像佛教在中國能有長時間的穩定發展，以致於在基督教與中國文化的會通上績效不彰。但是在宣教策略上，基督宗教(包括景教、天主教和基督教)整体而言，也有可議之處。再加上二十世紀的前半，是反傳統的革命思潮席捲全中國的時代，非常不利於宗教與文化的溝通。這些因素湊在一起，就使得基督教在中國的會通工作「未竟其功」了。

## 第二節　基督教與中國文化會通的課題

基督教如自利瑪竇來華起算，已有四百年之久。如以文化更新的「啟、承、轉、合」四個階段而言，目前應屬從

「承」到「轉」的階段。因此，尋找基督教與中國文化會通
的交會點，應屬現階段首要的工作。基督教思想與中國文化
在許多問題上，的確有十分不同的看法，但異中有同，不是
完全沒有交會點。而有關於基督教與中國文化的對話與溝
通，劉述先、杜維明、趙敦華、梁燕城等許多當代海內外的
學者，都曾從不同的角度來討論這個問題。但不約而同地，
他們都強調兩個最重要的課題：一個是有關於「人性論」，
另一個則有關於 「宇宙論」。

　　台灣天主教的學者傅佩榮曾提出有關中國思想與基督
教會通的十大基點[19]：(1)性善論與原罪說；(2)自立與他
力；(3)內存與超越；(4)天人合一與神人合一；(5)總體和諧
與冥合於神；(6)參贊化育與受造意識；(7)孔子與耶穌；(8)
儒家的仁與基督的愛；(9)宗教依于道德與道德依于宗教；
(10)知行合一與信行合一。

　　但是歸納他的建議，仍然與其他學者的看法不謀而
和，因此仍以「人性論」和「宇宙論」為焦點，來探討中國
文化與基督教會通的問題。

## 1. 人性論

　　中國傳統文化一向是以「人本主義」為出發點的，因此
歷代有識之士莫不在「人性論」方面下了極大的工夫去探
索，這是中國文化的「瑰寶」之一。中國的傳統文化，尤其
是儒家的思想，對人性有一種樂觀的態度，所以劉述先認為
儒家是在傳佈一種「現世的福音」[20] 。然而由於時空的演
變，中國知識份子對人性顯然逐漸達成某種「共識」(即「人
性本善」的觀點)，而這種共識又似乎與基督教的「原罪論」

杆格不入。所以在基督教與中國文化會通時，「人性論」是
一個必須探討的熱門話題。

## (1)中國「人性論」的發展

　　王崎軍在《比較人論》一書中，曾詳細分析中國人性論
的發展[21]。其實在中國，自古以來有關人性論的觀點極為分
歧，尤其在春秋戰國時期，更是百家爭鳴，莫衷一是。但是
到了後來，隨著漢朝「罷黜百家，獨尊儒術」，以及科舉取
士的制度確立之後，「性善」的人性論就逐漸成為官方欽定
的主流派觀點，很少人敢質疑其正確性。

### A. 孟子的「性善說」

　　孟子的思想是沿著孔子的仁學体系發展出來的。但是孔
子本人鮮少談及人性，所以子貢曾說：「夫子之言性與天
道，不可得而聞也。」孟子則從人皆有之的「惻隱之心、羞
惡之心、恭敬之心、是非之心」，大力提倡「性善」之說。
兩千多年來被視為儒家道德實踐的基本前題假設。

### B. 荀子的「性惡說」

　　孟子之後的荀子則認為「生之所以然者謂性」，是屬
「不可學、不可事而之在人者」。因為人有耳目之欲、自私
之心，所以他認為人是「性惡」的。他認為善乃是「生于聖
人之偽，非故生于人之性也。」而由「本性」到「行為」(即
經學習而得之「作做之偽」)，得藉助教化之功。這是他格外
重視「禮教」的原因。

### C. 韓非子的「自為心」

　　韓非子是法家學說之集大成者，他的「法治」政治哲學
是建立在人皆有自私本性(「自為心」)的基礎上的。他與荀子

的不同在於：荀子因人「性惡」，故提出以「禮」來約束；韓非子則主張順應人性的「自為」，來達到法治的目的。因此以荀子為橋樑，從儒家過渡到法家學說，是很自然的事。事實上，中國兩千年來，都是採取「陽儒陰法」的辦法治國。一方面倡導「性善」之說，在法令執行上，卻似乎又認定人皆「性惡」。

## D. 禪宗的「佛性論」

自竺道生提出「人人皆可成佛」的概念後，佛教(特別是禪宗)所逐漸發展出來的「眾生皆有佛性」的「佛性論」，便成為中國佛教的特色。但是這《佛性論》一書係南北朝末期譯成的，學者考證的結果發現，此書既無竺本，亦無藏本，出處存疑。因此近代日本佛教學者強烈質疑《佛性論》非原始印度佛教思想。較可能的是，佛教為了因應中國「性善」的思想，乃以極具創意的方式發展出這種「中國特色的佛教思想」來。這「佛性論」固然有助於佛教在中國的傳播，但也使「性善」的觀念更深植於國人心中。

## E. 宋明理學家的「人性論」

理學固然被視為儒學的復興（因此西方學者稱之為「新儒家」），但是理學其實是儒學與釋道二家暗合的新版。而宋明理學家們的共識就是，人性是契合于天道的。張載就說過：「天所性者通極于道，天所命者通極于性。」因此這一契合于天道的「人性」中，已天然地具有了向善的本能。朱熹的人性論則結合了儒家的「性善說」，道家的「動靜說」，陰陽家的「陰陽五行說」，及北宋理學家的思想，形成他「理一分殊」的理論。王陽明則以其「心一元論」發展他的理論，並主張「善惡只是一物」。他的「致良知」學說對中

國及日本後來的思想，有很大的影響。

## (2)中國傳統「性善論」的再思與批判

　　王峙軍指出，由孔子重仁，孟子重義，荀子重禮，到韓非子重法，其實像是一條「退化路線」。這代表古聖先哲對人性的頹敗，所流露出的一種無可奈何的情感。難怪老子以尖銳、深刻的口氣指出：「失道而後德，失德而後仁，失仁而後義，失義而後禮。夫禮者，忠信之薄，而亂之首。」

　　當代學者韋政通也指出，這種「人性本善」的觀點，特別是與基督教比起來，對生命的体驗較為膚淺，因為儒家對現實人生的種種罪惡，始終未能深刻的剖析[22]。因此，這種儒家「性善」的道德思想，對生活安適、痛苦較少的人，比較適合而有效；對生活變動幅度大，且也有深刻痛苦經驗的人，就顯得無力。連當代佛教大師聖嚴都慨歎說，佛教似乎都是在歌舞昇平的太平盛世才大行其道，人們似乎把禪修視為煩忙人生裏的「清涼劑」而已！

　　韋政通還指出，中國以往兩千多年來的傳統社會變動性不大，儒家因缺乏社會變動的刺激，多「知常」而不「知變」，能「應常」而不能「應變」[23]。因此他不能不問：在這個複雜多變、焦慮不安的現代社會，這種傳統的「性善」道德信念，是否還能足夠應付？我們還可進一步追問：對經歷過十年文革浩劫的人，「人性本善」的論調，能否解釋這空前的人間悲劇是如何發生的？深受儒家思想薰陶的日本，在南京大屠殺之後六十年，仍死不認罪，也使我們懷疑：是否「性善」的觀念會使人們失去了「懺悔意識」？

　　傅佩榮則對先秦儒家的人性論提出他獨到的見解[24]。他

認為先秦儒家的人性論既不是「人性本善論」，也不是「人性善向論」，而是「人性向善論」。所謂的人性向善的「向」，是代表人性的「可能性」。他認為孟子的「心之四端」，不處於完成狀態，而是具有擴充發展的傾向。荀子雖然提出「性惡論」，卻是從人的情與慾的本能來看的。當荀子強調人與禽獸的差異，在於人有「辨」與有「義」時，就已經表示他也認為人性有善的傾向。

## (3)基督教「原罪論」與中國「人性論」的會通

基督教強調「原罪論」使得篤信「性善」的許多中國人，下意識地排斥基督教。可是許多當代學人對「原罪論」仍有不少誤解，需要略加說明。

首先需要澄清的是，基督教認為「人有原罪」，並不等同於荀子的「性惡說」。因為聖經一方面強調所有人類陷溺罪中無法自救的事實，但又同時肯定人類是依據神公義和慈愛的「形像」而造，因此人具備了神的道德本性，這就是宋明新儒家所強調的「良知」的功能。前者似乎接近「性惡說」，而後者又類似「性善說」。

因此，有關「性善」與「性惡」之爭，我認為基督教的平衡立場是：「人性本來「知」善；人性亦本會『行』惡。」梁燕城曾指出 [25]，孟子的「性善」是指人的「心性本體」，也就是人的「應然層次」；反之，荀子的「性惡」是指人的「具体本件」，也就是「實然層次」。如依此分析，則儒家所見基本上與基督教所見略同。所以身為一個中國人，我們應該從一個新的角度，來重新檢視這個有關人性本質的爭論，而不要沿襲固有的成見。

另一方面，聖經中「罪」(Sin)的希臘文原意與中國字的意義有所不同。聖經說人都有「罪」，並非說人都有作奸犯科的「罪行」(Crime)，而是說人都未達到神以自己形像造人的目的。因為，聖經的「罪」字在希伯來文與希臘文中，均指「射不中的」之意。換句話說，「罪」在聖經中，是指人沒有達到作「人」應有的標準，而這標準正是神自己的「形像」。所以聖經《羅馬書》3章23節說：「世人都犯了罪，『虧缺』了神的榮耀。」因此，這與孔子所說：「人非聖賢，孰能無過？」的觀念是類似的。也就是說，儒家心目中的道德完人—「君子」或「聖賢」，其實隱隱約約就指向一位能充充滿滿地活出神的榮耀之人。從基督教的觀點來說，只有耶穌基督，能達到這個地步（約 1:18）。

然而同時基督教強調，罪惡也是一種由魔鬼所操縱的「權勢」(power)。正如自然界的「重力場」和「電磁場」一樣，所有的人類，好像都在另外一個「罪力場」的影響下，因此人們常常有「人在江湖，身不由己」之歎。所以使徒保羅也曾發出「立志行善由得我，但行出來由不得我」(羅馬書 7:18)的感嘆。這種道德行為上的「無力感」是人類共同的經驗，也是我們在探討人類的困境及出路時，最重要的共同出發點。

基督教認為，人因始祖犯罪，就被趕出伊甸園，從此使得全人類都處於與神隔離的「死亡」狀況下。這如同中風的病人，雖然頭腦清醒，四肢卻好像死了一般癱瘓了，因為腦溢血已經使中樞神經與四肢的神經系統聯絡中斷了。所以在基督教的觀點中，人要從罪惡的困境中得釋放，首先必須打通瓶頸，重建與生命之源〔即「神」〕之間的關係，如此才

能擺脫「無力感」。而重建此關係的途徑乃是藉著接受耶穌的救贖之恩。至於善行，則係在新生命的引導下，成為生命自然的流露，無需勉強，無需做作。換句話說，從基督教的觀點來看，善行不能導致「得救」；相反地，善行卻是得救之後的表現。這是基督教的救贖論。

因此，在這樣新的理解下，「原罪論」不但不會成為中國人接觸基督教的「絆腳石」，反而可提供與中國文化的交會點。不僅如此，這種對罪的深刻体認，還能夠產生高度的「自省精神」和「懺悔意識」，從而達到獲取真正的自由與生命的更新。當然，「懺悔意識」是近來劉再復常常談到的主題，許多在過去政治運動中，曾被迫作自我批判或自我檢察的人，可能對「懺悔意識」有點反感。但是正如杜維明所提醒的，「懺悔意識」與政治上的「自我批判」是兩碼子事，不可混為一談[26]。

當代的中國人需要透過這種對人類根深蒂固罪性的体認，來強化我們民族的「自我批判」能力及「懺悔意識」。經過文革十年浩劫的悲劇之後，「原罪」的概念可幫助我們認識人類罪惡的真相。因此，卓新平曾指出，現今大陸文壇「懺悔文學」的出現，文化界「懺悔意識」的萌生，對中國社會是一大奇蹟[27]。然而這正代表中國人經由痛苦的心路歷程，開始對人性有一種新的、深入的領悟與体認。否則正如劉小楓所指出的，過去中國文人所追求的，往往只是那個人的「適意逍遙」，而非「救贖」經歷，更無視於自我的罪孽深重，以及人間的苦難。這種「明哲保身」及「獨善其身」的觀念，是導致中華民族長期的苦難的因由。劉小楓的批判，是值得我們深思、反省的。

劉述先固然不同意「儒家思想對人性有膚淺的樂觀主義」的看法，但他也認為，儒家思想需要通過基督教對人性不同視域的刺激，發掘出儒家傳統內部對人性黑暗面的照察，並加以進一步的擴大，才能夠對於現代人所面對的情況有所把握，而予以有效的「對治」[28]。

所以，對「人性論」的再思考，將是未來中國文化脫胎換骨的一個新起點。而在這方面，基督教的「原罪觀」與「懺悔意識」，將對中國文化提供對人性極有深度的觀察，作為新的轉化點。重要的是，在中國文化中，也並非沒有類似的体會。若能不懷成見地重新檢視，不難促成中國文化的再造。

## 2. 宇宙論或天道觀

宇宙論所牽涉到的重要問題包括神是否存在、創造以及「超越觀」等重要的問題。其中「超越觀」對現代社會的人生觀影響最大，在基督教與中國文化會通的歷史上，也是衝突最大、爭議最多的問題，因此特別需要詳細地討論。

### (1)中國「天道觀」的演變

大部分的學者都注意到，中國古代原始的「天道觀」與聖經中的「神」的觀念其實極為接近。羅光主教認為無論是商朝的「上帝」或周朝的「天」，都與基督教的「耶和華」非常相似：祂們都是有「位格」的神；都是獨一的神；都有公義和慈愛的屬性；也都是造物主及萬有的主宰[29]。

傅佩榮的《儒道天論發微》也曾詳細討論中國古代的天帝觀[30]。他認為周朝的「天」與「上帝」不僅可以互換，而且天還扮演了「主宰者」、「啟示者」、「審判者」的角

色。但是到了春秋時代，天的涵義也發生變化，使天喪失了原初的尊榮。主宰之天依然存在，但意義已弱；造生與載行之天則降為自然之天；啟示與審判之天變為命運之天。這個時期，儒家與道家就以不同的方式重新來掌握天的意義。後來隨著時間的進展，中國人的「天道觀」更模糊、退化，演變成了泛神論、多神論或無神論，原有的獨一神論反而逐漸消聲匿跡了。因此，我們必須瞭解中國傳統的天道觀是如何演變的，使我們在討論其異同時，知道如何正確地去理解。

### A. 道家的「天道觀」

老子的天道觀比較接近基督教神論的觀點，我們可以說，從「一般啟示」的層次來說，老子的觀點可能已達到相當高的境界。但仍有一些對神的認知，除了藉助神的「特殊啟示」，是無從得知的。老子以「道」來稱呼這位神，他曾在《道德經》中指出這「道」的特質如下：

#### (1)「道」是造化者：

「有物混成，先天地生。寂兮寥兮，獨立而不改，周行而不殆。可以為天地母。吾不知其名，強字之曰『道』，強為之名曰『大』。」

#### (2)「無形」與「有象」：

「大音希聲，大象無形。」
「道之為物，惟恍惟惚。惚兮恍兮，其中有象。恍兮惚兮，其中有物。」
「天下萬物生於有，有生於無。」

#### (3)「道」之奧祕：

「視之不見名曰『夷』，聽之不聞名曰『希』，搏之不得名曰『微』。此三者不可致詰，故混而為一。」(遠志明認為夷希微可能是耶和華的譯音)

莊子也指出「物物者非物」(即造物者是超越物質之意)的見解，他曾說：

『夫道，有情有信，無為無形；…自本自根，未有天地，自古以固存。…先天地生而不為久，長于上古而不老。』

但是天的啟示者和審判者的角色，在道家思想中並未延續下去。而且在莊子的觀念中，「造物者」和「道」及「自然之原理」是同一的，使造物者與受造物之間的藩籬被取消了。至於日後發展出來的道教，則與老莊思想沒有太大的關聯，基本上是由流行於下層社會的精靈崇拜(Animism)，借用一些道家的辭彙，加上一些陰陽、五行、命理的觀念揉合而成的一種多神信仰。

## B. 儒家的「天神觀」

春秋戰國時期的儒家，代表另一種中國知識份子現實主義的思想。其中在對「天」及宗教的態度上，孔子、孟子和荀子很明顯地代表三種不同的典型：

**(1)孔子是「不可知論者」**：孔子對宗教的基本態度是務實的，他的名言如「敬鬼神而遠之」、「子不語怪力亂神」、「未知生，焉知死」、「天何言哉？」等。因此他論及「仁道」(即「人道」)遠多過「天道」。

**(2)孟子似乎是「神祕主義者」**：對孟子而言，無形的天道，就是人人可以努力追求而得的聖人之道。他常提到『天

命」，他說：「天將降大任於斯人也，必先苦其心志，勞其筋骨，餓其體膚，空乏其身，行弗亂其所為，所以動心忍性，曾益其所不能。」因此對孟子來說，重點已經變為「天的角色如何成為人類自我提升之道的要求之終極來源」[31]。

**(3)荀子則近乎「無神論者」**：荀子認為「天」只是自然界運行的規律及法則，是沒有「位格」的，因此也就不是能造化萬物、能施恩降災的「神」。換句話說，「天」原來的幾種性格都已經消失或被取代了：啟示者和審判者的角色由君子或聖人取代，主宰者及統治者的角色則由「禮」來扮演。

後來宋朝時期的理學家(又稱「新儒家」)，則大多循孟子的思路，加上佛教、道教的影響，他們將「天」與「心性」幾乎視為同義詞了。因此陸九淵提出「宇宙便是吾心，吾心便是宇宙。」的觀點。至此，在儒家的思想中已幾乎看不到「天」的存在了。

## C. 佛教的「神佛觀」

漢朝前後傳入中國的佛教，對中國人的天神觀也發揮了重大的影響。原始印度的佛教，與現今的中國佛教是大異其趣的。釋迦牟尼本人的思想是近乎孔子的「不可知論者」。在其臨終遺言中，他提醒徒眾他對「有無鬼神」未贊一詞，對「有無天堂地獄」也未表意見。換句話說，他覺得那都不重要，這近乎於孔子的「未知生，焉知死」的態度。

但是佛教在中國的發展，由於和強大的中國文化相互激盪的結果，產生了所謂的中國特色之「大乘佛教」。中國佛教各宗對於神明的觀念南轅北轍，其中以近乎無神的禪宗，

及滿天神佛的淨土宗和密宗(即喇嘛教)，是目前最活躍的宗派。其實流行於錫蘭和東南亞的「小乘佛教」，才保留了更多原始印度佛教的風味。而且在日本彼此涇渭分明的禪、淨二宗，在中國卻因強調「圓融」的緣故，融合成「禪淨雙修」混合宗派。

其實在佛教及其前身的印度教，原本就沒有「獨一神」及「造物主」的概念。佛教沿襲了印度教的概念，也是採取同樣的觀念。所以達賴喇嘛曾在美國接受訪問時，直接了當地對美國記者說，佛教是無神論。他所說的「神」，是以西方的定義來說的。至於佛教徒口中有時提到的「神明」，只是在六道輪迴中的「神仙」(稱「阿修羅」)而已，因此當然比超越於輪迴之外的「佛」低了一級。至於「佛陀」一字在印度文乃是「悟道者」之意，因此理論上「人人可以成佛」。

## (2)基督教與中國傳統「天道觀」的會通

在天道觀方面，基督教與近代中國文化的觀念的確是有不同，但是在上古時期，卻可找到相似的概念，似乎來自同源。另外，從會通的角度來說，「拯救論」及「天人合一」則是兩個需要更深入探討的議題。

### A.「自力拯救」與「他力拯救」

如眾所周知，中國文化一向強調以修練的途徑來達到「自力拯救」的目的。因此儒家提倡先「內聖」然後「外王」，而且認為「人人可以為堯舜」；佛教則強調「明心見性」之法，認為「人人可以成佛」；道教也用「觀照內心」之法，主張「人人可以成仙」。因此，三教都是提倡一種「自力拯救」式的宗教，其細節雖有差異，大體上卻是極為相似的。

當然佛教的淨土宗強調藉著念佛來支取阿彌陀佛的功德，有明顯的「他力拯救」之傾向。這是少數的例外，而且也可能因為淨土宗發源於中亞之時，已受到基督教思想的影響。

基督教則強調「他力拯救」的途徑，根本否定自救的可能性。因為人陷溺於罪惡的勢力之下，是無法有「自知之明」或「自救之力」的，只有藉助於那位絕對「他在」的神，才能將人從罪孽的泥沼中救拔出來。這是純然「他力」式的拯救觀。但是基督教並未忽略人的責任，也沒有低估人的行為和回應，在得救與稱義的事上，所產生的影響（雅2:14；太7:21）。因此，在基督教裡，得救純然是「他力」的結果，而且神是主動者。在人這方面來說，我們是被動地回應神的恩典，人的回應稱為「信」，這是屬於「自力」的部分。所以人的得救是「本乎恩，也因著信」(弗2:8)。

## B.「外在超越」與「內在超越」

如眾所周知，新儒家學者一向比較強調中國文化是用「內在超越」的途徑來達到「自我提昇」的目的。因為中國人喜歡強調，無論是儒家的「天」，或是道家的「道」，或是佛教的「佛性」，都內在於吾人的生命之中，不假外求。但相對的，他們認為基督教卻與儒釋道三教大相逕庭，強調「外在超越」或「純粹的超越」[32]。因為基督教認為，創造世界的神本身不屬於這個世界。因此近代的新儒家學者，如牟宗三、唐君毅、劉述先等人，都強調這是基督教與中國文化的根本差異。牟宗三甚至認為基督教「只超越而不內在(immanent)」，而儒家則「既超越又內在」，因此是更優異、更圓善的[33]。

所以乍看之下，基督教與中國傳統文化幾乎是互不相容、彼此對立的兩種思想体系。前者尋求外力的拯救，後者卻認為靠自力就可以成聖。基督教強調神是至大、至上的，是存在於人心之外的；但宋朝朱熹則謂：「天道無外，此心之理亦無外。」。唐代禪師馬祖道一也主張「心外無佛，自心是佛，佛外無心。」基督教重視神的「啟示」，儒家和佛教則看重人的「領悟」。凡此種種，兩者似乎難有會通之道。牟宗三甚至認為，基督教若不改為「自力教」，就永遠無法在中國立足。

其實若仔細觀察，在「超越論」方面，基督教與中國文化之間，也並非沒有交會之處，只是需要下功夫去正確地了解基督教的精意，同時對中國傳統思想有較深刻的反省，才能看出其交會點。依我個人的看法，將基督教和儒道釋三教放在對立面，再予以評比、對照，固然簡易清晰，但並不完全恰當。但是由於許多當代中國學者對基督教了解並不深，尤其缺乏個人「第一手」的宗教體驗，難免在看基督教時會有「人云亦云」或「見樹不見林」之憾。

例如基督教學者羅秉祥就認為，這種「內在超越」與「外在超越」的分類，是基於對基督教的誤解，並且有礙於彼此的對話[34]。羅秉祥認為劉述先將神學家巴特(Karl Barth)所強調的神是 "Wholly Other" 譯為「絕對的他在」是個誤解。正確的翻譯應該是「完全相異」[35]。因為神在本質上、道德上、本體上都是超越的，而且也超越我們知見的範圍。當祂用「啟示」的方式向世人溝通時，人雖然能夠「感受」(apprehend)到神的存在及作為，卻不能「全然掌握」(comprehend)神的心意。所以，基督教強調的神與人之

「完全相異」，並非要凸顯神與人隔離、超然於人或與人不相干之意。

中國文化一向強調「天人合一」的理想境界，但是這往往是指著佛教的「自心是佛」或新儒家的「天道無外」的意境。也就是說「天道」與「人性」(或「佛性」)幾乎無分不二，「大自然」與「人」也混然一體。從這個角度來看，新儒家學者所說的「天」就沒有基督教那種「完全相異」的超越特質。因為他們一再強調天人同一、天人同體、天人同質，既然如此，這「天」並不超越于人的心性。因此羅秉祥認為新儒家學者的宗教立場較接近斯賓諾莎的泛神論觀點[36]，而大多數學者都同意，斯賓諾莎的神是徹底的「內在而不超越」的。

此外，基督教除了強調神與人「完全相異」的同時，也強調神的「普遍臨在」(omnipresent)。它一方面強調神是「在眾人之上、貫乎眾人之中」(弗4:6)，但另一方面也同時指出神「住在眾人之內」的事實。因此「我們住在基督裡，基督住在我們裡面」(約壹4:13,16)的這種「互為臨在」(Mutual Indwelling)關係，乃是基督教信仰的核心及奧祕之一，這也是一種「悖論」(Paradox，或稱「吊詭性」或「二律背反」)的真理。所以對基督徒而言，真正的「天人合一」之實現，乃是當我們能說：「如今活著的，不再是我，乃是基督在我裏面活著」(加2:20)的時刻。此時，信徒也能達到孔子所謂「從心所欲而不逾矩」的境界。

若從這種「悖論」的特徵去看基督教，我們就可了解，基督教乃是以「外在超越」的方法，來使人脫胎換骨得到生命的「更新」；再由這新生命來進行「內在超越」的「成聖」

工作。還有，神既是與人類「完全相異」，但同時，祂又與信徒「互為臨在」，正如耶穌對門徒們說的：「**你們在我裏面，我也常在你們裏面。**」(約 14:20;15:5;17:21,23)

近代新儒家學者，也看出中國文化一味強調「內在超越」的缺陷。因此也主張從基督教引入「外在超越」的觀念，以對治「內在超越」的困境，並促成中國文化的更新。例如劉述先指出，儒家思想後來發展的結果是，「人」被無窮擴大，甚至到了一個地步，跟本見不到「天」了[37]。所以他認為儒家思想也應凸顯出「天」的超越性，不可任其塌陷下去。基督教強調「純粹的超越」，正可以提醒儒家不要聽任「天」的超越性失墜[38]。他還指出，基督教排斥「偶像崇拜」是有深刻含意的，因為有限固然可以通於無限，並不意味著有限可以等同於無限，更不可將真正的無限，用有限來「形相化」的。

余英時也說，在西方，基督教「外在超越」的價值系統，不僅沒有因為現代化而崩潰，而且正是現代化一個極重要的精神泉源[39]。卓新平還進一步指出[40]，基督教「超越觀」可以提醒人們，在建立「法治」的社會時，需要有一種超俗、絕對的價值觀來作對比、參照，使得這些法律、制度、組織得以不斷調整、修改和完善。

也就是說，這些學者以及湯一介都認為，基督教所強調的「外在超越」，不僅不是個文化會通的「障礙」，反而可以藉此補足中國傳統文化過份強調「內在超越」的缺欠。因此「超越觀」是會通的交會點，也將是未來中國文化的轉化點。

## 第三節　結論與展望

### 1. 基督教的「悖論」特性

　　當我們要探討基督教思想如何與中國文化會通時，首先我們要瞭解，基督教真理的特色之一，就是它的「悖論」特性。換句話說，基督教的許多觀點，往往是以「似非實是」、「似反實正」的表達方式來敘述。未深入了解的人，就常常只知其「表」，不知其「裏」，以致於嚴重地誤解了基督教的觀點。茲略舉數例，便可理解。

　　譬如很多人說基督教有「他世」情懷，儒家卻肯定「現世」。其實基督教沒有佛教「輪迴轉世」的觀念，卻強調「僅此一生」，因此基督徒特別重視在有生之年，如何善用自己的光陰、錢財在濟世助人的事上。耶穌說：「你們是世上的光，是世上的鹽。」（太 5:13-14）離世前他又曾對神禱告說：「我不求你叫他們離開世界，只求你保守他們脫離罪惡。…你怎樣差我到世上，我也怎樣差他們到世上。」（約 17:16, 18）當然基督教也的確強調「來世」的賞罰，但「來世」的賞罰卻是以「今世」的貢獻為基準的。因此耶穌說：「凡稱呼我『主阿！主阿！』的人，不能都進天國。惟獨遵行我天父旨意的人，才能進去。」（太 7:21）

　　所以，強調「來世」情懷的基督教，在社會改革、慈善救濟、捐資興學上的貢獻，卻比一般社會大眾高出許多，這是有目共睹的。反倒是肯定「現世」精神的儒家，正如韋政通指出的，卻逐漸失去了救世的熱情，不是存著「學而優則仕」的私心，就是受佛道兩教的滲透，逐漸轉為「出世」了[41]。

　　另外一個例子是：有人說基督教否定人的價值和尊嚴，因為耶穌曾說：「若有人跟從我，就當『捨己』(原文也可譯為「否定自我」)，背起他的十字架來跟從我。」(太16:24)這與現代心理學強調的「自我肯定」，或德國哲學家尼采倡導的以意志來達到「自我超越」，或儒家的「自我修養」，或佛教的「自我參悟」，豈不是背道而馳？

　　其實基督教的「自我否定」，乃是「先破再立」的意思，沒有「大破」，如何能「大立」？這也是「先捨再得」的概念，先捨了舊的「老我」，才會得回一個嶄新的「新我」。不單如此，基督教認為「死」是通往「生」的必經之路，因為種子如果不被「埋藏」在土裏，焉能開花結實？同理，人若不肯「埋葬」自己的野心或私心，也就無法超越自我，去得到更高層次的豐盛新生命（約12:24）。

　　一個完全「捨己」、「無我」的基督徒，耶穌的許諾是：「你們若常在我裏面，我的話也常在他裏面。凡你們所願意的，祈求就給你們成就。」(約15:7)因此，強調要「捨己」、「自我否定」的基督教，最終所追求的人生目標，其實卻是達到儒家所謂「從心所欲，不逾矩」的自由境界。換句話說，基督教與儒家，人生目標是一致的，只是途徑卻迥然有別。基督教是由人的「否定自我」入門，然後才逐步達到對自己新身份、新地位的「再肯定」，藉此而「超越」原先的自我。換句話說，「自我否定」是通往「自我肯定」甚至「自我超越」的途徑。

　　相反地，今天大眾心理學「自我肯定」的誤用，使許多人在「自我催眠」之下，變成「自我陶醉」甚至「自我膨脹」。尼采在四十多歲發現自己並非「超人」之後，鬱鬱寡歡地在

精神病院中渡過餘生。韋政通也批評儒家把修養工夫，看得太輕易了，以致於道德實踐流於虛玄 [42]。這是另一個基督教以「迂迴方式」，表達一個「悖論」式真理的實例。透過這樣來理解基督教，我們就可以找到許多可以與中國文化會通之處，甚至可以找到對治中國傳統文化弊病之道。

## 2.「文化基督徒」現象

回顧基督教與中國文化會通的歷史，雖然利馬竇有很好的起點，但因教內教外的夾擊，以致功敗垂成。到十九世紀末、二十世紀初，基督教與天主教再度向中國叩關。這次雖然在促進中國現代化方面，基督教貢獻頗多，卻又在民族主義、科學主義、理性主義的浪潮下，被排斥、淹沒了。

然而目前卻是一個基督教與中國文化會通「空前」的良機，因為民族主義所引發的盲目排外激情已遠，大部份學者對西方文化的精華認識得也較深刻，基督教終於可以真正和中國文化彼此對話、會通，進而促成中國文化的更新與轉化。因此最近中國出現一批所謂的「文化基督徒」，他們並不是有重生經歷的信徒，而是對基督教思想或文化有濃厚的興趣甚至好感的學者，其中也有許多是屬於真誠的「尋道者」。雖然「文化基督徒」的湧現是一個可喜的現象，但也值得我們深思。

有關「文化基督徒」的問題，曾在香港基督教界引發一場激辯，打了一陣子「筆戰」。有關「文化基督徒」現象形成之歷史，陳村富有詳盡的分析[43]，許志偉則對之提出他的神學反思[44]。李平曄對當代中國知識份子認同基督教的心態，也作了番簡析[45]。

孔子在《論語》〈雍也篇〉說：「質勝文則野，文勝質則史。文質彬彬，然後君子。」依據我個人的觀點，孔子的話恰好可以借用來形容三類的中國基督徒。「質勝於文則野」的信徒是指在農村的基督徒，他們有信仰的實質和体驗，但文化水平不高，所以看起來很樸實粗鄙。「文勝於質則史」的人則指那些「文化基督徒」，他們雖文采學識甚佳，卻缺乏信仰的体驗，與神也缺乏實質關係。所以雖然文筆理論性很強，卻沒有屬靈生命的深度。唯有文質「彬彬」(即平衡、兼備之意)的信徒，才是理想的基督徒知識份子之典範。

然而「文化基督徒」固然將在基督教與中國文化的會通上會有所貢獻，但是若要以基督教思想來轉化中國文化，則恐怕不是「文化基督徒」所能做到的。因為畢竟「讚賞」基督教思想和文化是一回事，個人內在生命被基督信仰所「更新」，甚至能轉化社會風氣又是另一回事。而正如前文所說的，自己個人的生命若沒有被聖靈所「更新」，也就無法承擔做為文化之「轉化者」的角色了。因此我誠懇地盼望，所有的中國基督徒知識份子，都能虛心地彼此切磋琢磨，以基督耶穌的福音，再創中國文化的另一個高峰，迎向二十一世紀。

---

1  有關之著作很多，例如楊森富：〈唐元兩代基督教興衰原因之研究〉，《基督教入華百七十年紀念集》(台北，宇宙光出版社，1977)，27-79頁。

2  持此觀點者有楊森富：《中國基督教史》(台北，台灣商務印書館，1977，40頁)及Samuel H. Moffett, *A History of Christianity in Asia,* Vol. 1: From Beginning to 1500 (San Francisci: Harper, 1992, 313 頁)

3 早期的歷史家如牛津大學的J. Legge持此觀點，見Samuel H. Moffett, *A History of Christianity in Asia,* Vol. 1, 305 頁。

4 楊森富：〈唐元兩代基督教興衰原因之研究〉，《基督教入華百七十年紀念集》，40-48頁。

5 楊森富：《中國基督教史》，53頁。

6 此係陳垣教授的〈也里可溫考〉所述，係引自楊森富之《中國基督教史》54頁。

7 參見 Jacques Gernet, *China and Christian Impact* (Cambridge University Press, 1985), 83 頁。

8 「典範」一詞係採用孔恩(Thomas Kuhn)在其名著 *Structure of Scientific Revolution* 一書中的概念。

9 Joseph Sebes：〈利馬竇對「基督教在中國本色化」所作的努力〉，《基督教與中國本色化》(宇宙光出版社，1990)，196-231 頁。

10 參見Hans Kung and Julia Ching, *Christianity and Chinese Religions* (New York: Doubleday, 1989), 238 頁。

11 羅光：《與中國使節史》(光啟出版社)；朱謙之：〈耶穌會對於宋儒理學之反響〉文載於《明代宗教》(學生書局，1968)，125 頁。

12 參見 Jacques Gernet, *China and Christian Impact* (Cambridge University Press, 1985).

13 秦家懿：〈本色化神學及其普世性〉，《基督教與中國本色化》，10-24 頁。

14 近代天主教宣教學及神學刊物多喜用「濡化」(Inculturatuin)一詞，其意義其實與「處境化」並無太大區別。因此在本書中多用「處境化」代替之。

15 在1996年於東南亞召開的有關「譯經」的國際性會議上，有學者指出，天主教自利馬竇開始，陸續翻譯聖經，但直到二十世紀中才譯妥全本的白話的欽定版聖經，費時長達三百五十年左右！基督教(新教)則自馬禮遜1807 年來華起，至目前基督教通用的「合和本」白話文聖經於1919 年問世為止，短短一百多年間，出現的聖經譯本達數十種。因此，學者們認為，天主教聖經翻譯得太慢，版本太少。基督教則翻譯得太多、版本太雜。

16 金耀基：《從傳統到現代》，時報文化出版公司，1986年，159頁。

17 詳見Paul A. Cohen著(蘇文峰譯)〈戴德生與李提摩太宣教方式之比較〉，

收錄於《基督教入華百七十年紀念集》(林治平編,台北,宇宙光出版社,1977),81-107頁。

18 同上,102-104頁。

19 原文見〈中國思想與基督宗教之會通〉,《中國文化月刊》第五期(1980年3月);引述自樊志輝:《台灣新士林哲學研究》,黑龍江人民出版社,2001年,460-62頁。

20 劉述先:《大陸與海外》,262頁。

21 王崎軍:《比較人論:基督教人論與中國人性論》(加拿大証主協會,1996)。

22 韋政通:《儒家與現代化》,3頁。

23 同上,7頁。

24 原文見方克立、王其永主編:《二十世紀中國哲學》〈第二卷,人物志下,「傅佩榮」條〉(華夏出版社,1995年,612頁);引述自樊志輝《台灣新士林哲學研究》455-56頁。

25 梁燕城、蔡仁厚、周聯華:《會通與轉化》,224-226頁。

26 杜維明:〈重建理性溝通和開放心性〉《文化中國》(1995年3月),10頁。

27 卓新平:〈基督教對中國社會現代化的意義〉,《維真學刊》(1995第三期),33頁。

28 劉述先:《大陸與海外》,269頁。

29 羅光:〈中國對天一帝的信仰〉,輔仁大學《神學論集》,第31期,77-103頁。引述自樊志輝《台灣新士林哲學研究》198-99頁。

30 傅佩榮:《儒道天論發微》,台灣學生書局,1985年;引述自樊志輝《台灣新士林哲學研究》450-54頁。

31 同上,453頁。

32 大部份的學者用「外在超越」來介紹基督教的特色,但劉述先則在《大陸與海外》中,以「純粹的超越」來形容基督教。在本書中,我們將統一的以「外在的超越」一詞,來提到基督教。

33 牟宗三:《圓善論》,學生書局,台北,1985,340頁。

34 羅秉祥:〈上帝的超越與臨在〉,《對話二:儒釋道與基督教》,何光滬、許志偉主編,社會科學文獻出版社,2001年,243-77頁。

35 同上，254頁。

36 同上，264頁。

37 劉述先：《大陸與海外》，263頁。

38 同上，265頁。

39 余英時：《文化：中國與世界》輯刊，第一輯，89頁。

40 卓新平：〈基督教對中國社會現代化的意義〉《維真學刊》(1995年第3期)，36頁。

41 韋政通：《儒家與現代化》，57頁。

42 同上，7-13頁。

43 陳村富：〈SMSC現象形成的歷史──文化背景〉《維真學刊》(1996年第1期)，14-23頁。

44 許志偉：〈「文化基督徒」現象的近因與神學反思〉《維真學刊》(1996年第1期)，24-34頁。

45 李平曄：〈當代中國知識份子認同基督教心態簡析〉，《金陵神學誌》(海外版，2/1994)，30-35頁。

## 宣教與文化

| | |
|---|---|
| 作　　　者 | 莊祖鯤 |
| 出　版　者 | 基督使者協會 |
| 地　　　址 | 21 Ambassador Dr.<br>Paradise, PA 17562, USA |
| 電　　　話 | 717-687-0537 |
| 美國境內免費電話 | 800-624-3504 |
| 傳　　　真 | 717-687-6178 |
| 電子郵箱 | bks@afcinc.org |
| 網　　　站 | www.afcinc.org |
| 亞洲總經銷 | 道聲出版社 |
| 地　　　址 | 106 台灣台北市杭州南路二段 15 號 |
| 電　　　話 | (02)2393-8583 |
| 傳　　　真 | (02)2321-6538 |
| E - m a i l | tpublish@ms12.hinet.net |
| 劃撥帳號 | 00030850 |

2004 年 10 月初版　　　©2004 有版權

### Mission & Culture

| | |
|---|---|
| **Author** | Tsukung Chuang |
| **Publisher** | Ambassadors For Christ, Inc.<br>21 Ambassador Dr.<br>Paradise, PA 17562, USA<br>Tel:800-624-3504  Fax:717-687-6178<br>E-mail:bks@afcinc.org<br>Website:www.afcinc.org<br>U.S. Order line:(800)624-3504 |
| **1st Edition** | October, 2004 |

Printed in Taiwan, R.O.C.　　©2004
**All rights reserved.**
ISBN  188232430-7

**NOTE**

**NOTE**

**NOTE**

**NOTE**